QUAND LE TEMPS S'ARRÊTE

Par Natasa Jevtovic

QUAND LE TEMPS S'ARRÊTE

Auteur : Natasa Jevtovic

Première édition. 1 novembre 2019.

« Trouver un emploi après la prison est difficile. Néanmoins, j'ai refusé de fuir mon passé. Ainsi, en remplissant une fiche de renseignements pour un poste de vendeur de produits électroniques, j'ai répondu aux questions honnêtement. Quand ils ont demandé qui était mon employeur précédent, j'ai écrit : administration pénitentiaire. Description du poste ? Barbier/détenu. Le salaire ? Cinquante centimes de l'heure. Combien de temps ? Six ans. Pourquoi êtes-vous parti ? Ils m'ont relâché. J'ai eu le poste. »

Tony Degges, Reader's Digest

1.

Jeudi 3 mai 2018. La journée s'annonce très ensoleillée, même si une veste de printemps est encore nécessaire. Je regarde la circulation par la fenêtre de mon bureau au sixième étage d'une tour à la Défense, le quartier d'affaires parisien ; elle m'a l'air fluide. J'ai rendez-vous avec mon homme pour déjeuner avec lui, il me dit qu'il viendra en voiture mais je ne fais pas confiance à la circulation et je préfère qu'il vienne en transports. Je n'ai qu'une heure de pause déjeuner, car l'activité est toujours chargée dans une banque d'affaires, il nous faudra attendre le week-end pour profiter du soleil.

Je suis très loin d'imaginer ce qui m'attend à la fin de la journée.

Il est 10h53 lorsque mon homme m'envoie un texto qui fait froid dans le dos.

« Les flics sont venus me chercher. »

« Quoi ? Pourquoi ? T'es où ? T'es en garde à vue ? »

« Bracelet. »

« Donne les détails, ça commence quand ? Aujourd'hui ??? Mais dis-moi plus s'il te plaît ! Ce sera quand ? »

« Je vais avec eux là au tribunal. »

« Mon Dieu !!! Mais comment ça, au tribunal, c'est déjà fait ! »

« Je suis dans leur voiture. Je n'ai pas le droit d'écrire. »

« Ok, préviens-moi dès que tu peux. »

« Oui. Je suis en auditions. »

« Bonne chance, donne mon adresse pour le bracelet et n'aie pas peur, Dieu est là et Il ne t'abandonnera pas. Courage et bonne chance. »

Il était 11h23 lorsqu'il a envoyé le texto m'information qu'il était en auditions. A 11h40 le verdict est tombé.

« Gardav. J'aurais peut-être de la détention à faire. J'ai deux heures de garde à vue à faire là. A toute à l'heure. »

Jusqu'ici je n'ai toujours pas peur, bien que je ne comprenne pas très exactement ce qui se passe. La suite des évènements me paraît invraisemblable, j'ai du mal à imaginer qu'une personne puisse être arrêtée chez lui, emmenée en voiture de police à travers tout le nord de Paris toujours plein de bouchons, puis être auditionnée devant un tribunal en seulement dix-sept minutes. Une justice aussi expéditive ne présageait rien de bon.

Dans l'après-midi, j'ai tenté de joindre mon homme mais son téléphone sonnait dans le vide. J'ai besoin de savoir où il est et quelles sont ses nouvelles. Je n'ai pas le temps à gérer cette affaire pendant mes heures de travail, non seulement parce que je suis dans un open space où il est difficile de passer des appels privés, mais aussi parce que je suis au milieu d'un go live avec notre client principal, avec des réunions qui s'enchaînent jusqu'en soirée dont je suis le plus souvent l'organisateur. Je suis analyste d'affaires qui doit assurer l'interface entre le service informatique et les départements opérationnels, plus précisément je dois préparer un passage en production pour une cinquantaine de fonds qui vont automatiser leurs transactions sur les produits dérivés. Les équipes sont parsemées dans le monde entier, le Middle Office[1] et les comptables sont en Irlande, le pricing[2] est au Canada, les sales à Londres et le client est en Afrique du Sud. Mon seul collaborateur direct, Bernard, et moi, ne sommes pas

---

[1] Les équipes intermédiaires entre les traders et les divisions administratives dont le travail est d'enregistrer et de contrôler les opérations financières.
[2] Les ingénieurs financiers qui calculent les prix des produits, les taux de change et l'exposition au risque.

considérés comme le personnel français car notre manager direct est en Irlande et le sien au Luxembourg. Bien que nos contrats de travail dépendent du droit français, nous sommes hiérarchiquement rattachés au personnel irlandais. De ce fait, nous recevons par mail les invitations aux soirées afterwork à Dublin et les prévisions météo pour Kilkenny, mais nous ne sommes pas sur la liste de diffusion pour Paris et ne recevons jamais les notifications qui concernent la tour dans laquelle nous travaillons physiquement. La moitié du temps je suis au téléphone et il n'y a personne pour me seconder. Je dois expliquer à une équipe basée en Inde comment réconcilier les comptes cash et obtenir l'aval de leur manager londonien s'il accepte de suivre la procédure que je lui ai préparée. A distance, ils me montrent leurs outils de travail et je leur indique quels sont les comptes qui seront utilisés par le fonds une fois il passe en production. La conversation est très technique, le niveau de stress est élevé et je dois être didactique, concise et concrète. Le problème, c'est que je dois être concentrée mais je n'y parviens pas, il m'arrive de demander aux uns et aux autres de répéter ce qu'ils viennent de dire, prétextant une mauvaise connexion téléphonique.

Bernard a remarqué que quelque chose ne va pas et il me demande de me ressaisir, surtout pendant les téléconférences avec le client qui paie mon salaire. Je me fais une violence, je puise les forces dans les profondeurs de mon âme, je me bats pour rester de marbre. J'ai déjà survécu à bien des catastrophes, celle-ci ne va pas m'atteindre.

Je me souviens du rapport d'évaluation de ma personnalité que j'ai réalisée avant d'être recrutée dans cette banque d'affaires. « Conserve une distance affective. S'adapte aux changements. Préfère contourner les obstacles. Sa capacité à mettre à distance les affects l'amène à se centrer uniquement sur la réalisation des missions en dehors de toute considération d'ordre personnel. Elle peut donc paraître aux yeux de ses collaborateurs comme quelqu'un d'inflexible et d'assez insensible. Elle approche plutôt les épreuves professionnelles rencontrées avec ténacité et témoigne d'une vision radicalement positive face aux situations de travail. Sa capacité à rechercher la réussite plus que tout, alliée à un désintérêt des plus marqués pour les émotions d'autrui lui permet d'évoluer très facilement dans un environnement compétitif. »

Je suis une mercenaire, parfaitement adaptée à un environnement concurrentiel en perpétuel changement, où les carrières fleurissent lorsqu'on fait des affaires et se brisent lorsqu'on ferme les filiales, comme on vient de le faire en Afrique du Sud. On a proposé aux salariés de déménager à Londres pour rester dans la société, ou de partir chercher ailleurs. La commerciale a accepté, mais l'architecte des réseaux a refusé, l'homme clé de mon activité, qui est parti avec des connaissances précieuses qui m'auraient bien servi en ce moment. Parfois, j'entends certains collègues exprimer des craintes qu'ils perdront leur travail, je compatis poliment mais dans mon for intérieur je n'ai que faire. Je suis *habituée* à l'hostilité au travail, à la violence dans le monde des affaires, je vis mon quotidien avec un couteau dans les dents.

Le matin, sur le chemin au bureau, j'écoute du rap violent pour me mettre dans l'ambiance.

« J'ai saigné l'asphalte comme un spartiate
J'arrive dans l'game comme une tornade
Ils n'oublieront pas, ils se souviendront de nous
Je vais régner assis négro, je vais mourir debout
Sur le podium, il n'y a que nous
Tu veux t'asseoir sur le trône ?
Faudra t'asseoir sur mes genoux. »[3]

Dans l'après-midi, j'ai réussi à joindre l'avocat qui a fait de son mieux pour me rassurer, car il avait fait tout ce qu'il fallait

---

[3] Booba, *Jour de paye*, album Lunatic, 2010.

pour que les peines prononcées ne se transforment pas en peine de prison ferme, qu'il fallait se montrer confiant. Alors j'ai envoyé un petit texto à mon homme, pour obtenir un peu plus de nouvelles.

« L'avocat veut savoir tu es dans quel commissariat, s'il te plaît dis-moi où tu es pour qu'il puisse intervenir. Prends soin de toi, fais attention, je suis au travail, écris-moi. »

Aucune réponse, aucune nouvelle. Y compris de la part de notre avocat.

C'était à la sortie du bureau, vers 19h du soir, que j'ai eu son appel. Il sortait de la garde à vue et on lui a annoncé qu'il devait faire trois ans et demi de détention. Sa voix est calme, comme d'habitude, mais moi, je me mets à crier. C'est impossible ! L'avocat a demandé la confusion des peines et la procédure est encore en cours, on ne peut pas l'emmener en détention alors que ses peines ne sont pas encore définitives ! J'ai des vertiges et je sens qu'on m'arrache l'estomac. Je ne peux pas imaginer être séparée de lui pendant une si longue période. Nous sommes si amoureux, si fusionnels. Nous sommes inséparables, nous échangeons en moyenne une centaine de textos par jour car nous ne vivons pas encore ensemble. Nous allons partout ensemble, même lorsqu'il livre des repas avec Uber Eats, nous ne *savons pas* comment vivre l'un sans l'autre.

Après ce premier choc, je me ressaisis, je me souviens de tout ce que j'ai pu lire au sujet des prisons, je me rappelle que la France est particulièrement clémente et propice à aménager les peines en les transformant en bracelets électroniques, je me calme et me dis que c'est le moment d'apporter le soutien à mon homme. Il aura besoin de ma force pour l'épauler dans cette épreuve.

On se rejoint à la sortie du métro et il me montre le procès-verbal de notification de rendez-vous pénitentiaire qui lui a été remis par le parquet et qui fait froid dans le dos. Il est déjà tard et l'avocat est sur le répondeur, je lui laisse un message lui demandant de nous rappeler. Les lettres dansent devant mes yeux, les termes juridiques froids assènent des coups comme sur un ring de boxe. J'ai mal au crâne.

« Par devant nous, Madame Viallatte de Pemille, substitut du Procureur de la République près le tribunal de grande instance de Paris étant en notre cabinet au palais de justice de Paris, a comparu le nommé... Nous lui donnons connaissance qu'à titre exceptionnel il n'est pas immédiatement incarcéré pour effectuer les condamnations suivantes... Tribunal correctionnel de Bobigny – 6 mois... Tribunal correctionnel de Meaux – 6 mois... Cour d'Appel de Paris – 6 mois... Tribunal correctionnel de Paris – 2 ans... Qu'il devra se présenter au bureau de l'exécution des peines (BEX) le 4 mai 2018 à 11h pour exécuter ses condamnations. Monsieur indique : Je serai là. Je n'ai jamais manqué une convocation. Vous pouvez compter sur moi. Je m'engage à me présenter à la date et à l'heure indiquée pour exécuter mes condamnations. Signature du substitut du Procureur, signature du condamné. »

Finalement, l'avocat retourne notre appel. Il nous dit que l'une des condamnations a fait tomber le sursis et transformé les peines en prison ferme. Normalement, la requête en confusion qu'il avait formulée aurait dû stopper le processus car les peines n'étaient pas encore devenues définitives, mais nous sommes tombés sur un procureur inflexible qui cherchait à faire l'excès de zèle. « Pourtant, il ne faut pas s'inquiéter, » l'avocat m'a-t-il rassuré, « car il ne fera jamais trois ans et demi d'incarcération ; il fera entre quatorze et vingt mois. Vous verrez, le temps passe vite, et dès qu'il arrive à Fleury, j'enverrai une demande d'aménagement de peine et je le ferai sortir avec un bracelet électronique bien avant la mi-peine. »

Dans le droit français, la confusion de peines permet à absorber deux ou plusieurs condamnations lorsqu'il s'agit d'infractions en concours. Le Code pénal (art. 132-2) le définit ainsi : « Il y a concours d'infractions lorsqu'une infraction est commise par une personne avant que celle-ci ait été définitivement condamnée pour une autre infraction ». Cela veut dire que le législateur accepte d'effacer les infractions antérieures pour lesquelles le justiciable n'avait pas encore été condamné, à cause de la lenteur de la justice, car il n'a pas pu réfléchir à ses actes et se réformer. Voilà pourquoi les comparutions immédiates sont préjudiciables aux prévenus, car les peines deviennent définitives s'ils ne font pas appel et ils ne peuvent plus bénéficier de la confusion de peines. Si les infractions sont répétées et les peines prononcées définitives, la personne devient récidiviste. La confusion peut également être prononcée lorsque les peines portent sur des faits de même nature. Toujours est-il qu'il s'agît d'une faveur que le juge accorde au justiciable, qui n'est donc pas un droit.

Dans notre cas, si la confusion absorbait la totalité de ses peines, elle devrait réduire la durée totale de sa condamnation à 24 mois.

Notre avocat nous a coûté une petite fortune car il est très réputé. Diplômé d'HEC et de l'université Columbia aux Etats Unis, il est inscrit au barreau de Paris et celui de New York et défend les cols blancs poursuivis pour des délits financiers. Il était même élu Premier Secrétaire de la Conférence du Barreau de Paris. Dans son bureau près de l'Opéra Garnier, il possède une impressionnante bibliothèque sur le droit pénal des affaires, le droit pénal international, les libertés fondamentales, le traité européen des droits de l'homme, le guide des audiences correctionnelles, le guide de la défense pénale et le guide des peines... Dans cette bibliothèque, à côté des livres *Les grandes plaidoiries des ténors du barreau* de Matthieu Aron et *Les défendre tous* d'Albert Naud, il a exposé une photo de quarante-cinq détenus américains condamnés aux peines très lourdes alors qu'ils étaient innocents.[4] La petite statue en plâtre de la vierge Marie, posée sur la

---

4 Peter Neufeld, Barry Scheck et Taryn Simon, *The Innocents*, Umbrage Editions, 2008.

cheminée, montre qu'à part ses compétences en droit il possède aussi les qualités morales issues de la foi chrétienne, basées sur le pardon, la miséricorde et l'espérance. Vu son profil, nous lui avons accordé notre confiance et nous lui avons confié notre défense.

Nous rentrons à la maison, assommés, comme après un accident de voiture duquel nous sommes sortis très choqués mais physiquement indemnes. Nous sommes allés au restaurant pour manger un de ses plats préférés, pour profiter de ces derniers moments de liberté qui vont lui manquer. Ensuite, nous avons préparé des documents pour gérer ses affaires en son absence, il m'a signé un pouvoir pour que je puisse gérer ses comptes bancaires, signer ses contrats et récupérer ses lettres recommandées, puis il m'a donné des instructions que faire. Je devais annuler ses rendez-vous à venir, terminer ses projets en cours et garder secrète son incarcération, y compris de ses proches. Seuls ses parents et un seul de ses grands frères devaient savoir ce qui se passe en réalité.

Issu d'une famille très nombreuse et le plus petit dans une fratrie de sept garçons, mon homme n'est pas particulièrement proche des plus ainés, il a des affinités avec un seul parmi eux. Le seul que je pourrais appeler si j'ai besoin de parler, car il ne faudrait pas stresser ses parents, âgés et malades. De mon côté, je comptais informer ma mère, mais pas ma sœur, mariée à un homme très conservateur qui pourrait être tenté de couper des ponts avec moi.

Il va falloir s'inventer une vie pour la raconter au bureau, parmi les collègues qui racontent leurs week-ends, leurs barbecues, leurs voyages, qui montrent des photos de leurs femmes, de leurs enfants, de leurs chats, de leurs nouveaux produits ménagers qui font des merveilles... Il faudra mentir, croire soi-même en ses propres mensonges, sans jamais baisser les gardes, car le moindre petit mot, le moindre appel téléphonique privé qu'un collègue entendrait involontairement, pourrait détruire ma réputation dans ce milieu feutré et protégé où tout le monde est obligé de prouver qu'il n'a pas d'antécédents judiciaires, sinon il n'aurait pas le droit de gérer la fortune des autres.

Ce dernier soir, nous avons beaucoup parlé, nous avons évoqué nos beaux souvenirs, nous avons fait le bilan de notre relation, nous nous sommes donné des promesses, nous nous sommes tenus dans les bras, j'ai un peu pleuré avec mon nez dans son cou, nous avons dormi d'un œil sans retrouver la paix.

Nous avons été trop préoccupés pour faire l'amour.

La nouvelle journée nous a fait le même effet qu'un dur lendemain de cuite. J'ai appelé mon travail pour leur dire que je serais en retard, en voulait rester encore une heure avec ma moitié. Il était apaisé, résigné, bien plus calme et courageux que moi, alors j'ai eu honte que ce fût lui qui me rassurait au lieu que ce soit l'inverse. Je n'arrivais pas à imaginer ce que signifiait ces trois ans et demi en termes de durée. Que vais-je devenir sans lui ? Va-t-il m'oublier après autant de temps, une fois il perd l'habitude de me voir tous les jours ? Vais-je changer, prendre des rides, devenir esquintée, ou pire encore, devenir cynique ? Comment faire pour rester belle pour lui comme je le suis ce jour, alors qu'on se sépare, comment faire pour arrêter le temps et faire abstraction de ce qui va arriver ?

Le moment de se séparer est venu et il est allé récupérer sa voiture, accidentée il y a seulement trois jours, afin de la confier à son frère préféré qui devait la faire réparer. Il me demande de récupérer le chèque de l'assurance et de le déposer sur son compte d'épargne. Il me donne ses dernières instructions et disparaît, avec une petite valise contenant quelques vêtements et produits d'hygiène, et une copie du Coran.

Au travail, je me suis sentie comme une schizophrène, à faire comme si rien n'était, à garder le sourire en toute circonstance, à me concentrer sur les problèmes de mon client, à rire nerveusement lors du déjeuner même lorsque les blagues n'étaient pas drôles. J'avais mal au cœur car je mangeais du saumon avec des épinards et un fondant au chocolat à la cantine de l'entreprise, car je savais que mon homme allait manger les plats classiques de garde à vue – des pâtes au thon et quelques biscuits. J'avais mal au cœur de voir les gens vivre libres, lorsqu'il devait rester enfermé, alors que le mois de mai commence à être ensoleillé, alors que les vacances s'approchent et même la nouvelle Coupe du monde où la France semble bien cotée.

Je me sens comme un mort vivant, comme une coquille vide qui se force à continuer à fonctionner comme si rien n'était, alors que mon ventre était arraché. Mes tripes étaient nouées, ma tête tournait et me faisait mal, mon sommeil était perdu et l'insomnie allait s'installer, comme une maladie lente et tenace qui ronge jusqu'à ce qu'elle réclame son dû. Je me demande si cette épreuve va m'atteindre, car elle risque de durer.

2.

Alors que je pensais avoir touché le fond, les portes des enfers se sont ouvertes pour m'engloutir dans leurs entrailles.

Je ne veux pas rentrer chez moi, je n'ai pas envie de retrouver un appartement vide, dans lequel il y a seulement quelques heures j'ai posé mon regard sur mon bien aimé. Je prends rendez-vous avec une photographe pour réaliser une pochette d'un album de rap, je lui explique mon idée et lui demande ce qui peut être fait avec les esquisses que l'on a. Le rap est ma passion et je m'intéresse aux artistes indépendants, auxquels je donne parfois conseil. Alors qu'elle m'explique de quelle manière elle compte s'y prendre, mon téléphone sonne sans que je l'entende. Une nouvelle sonnerie, cette fois-ci je décroche, même si le numéro d'appel m'est inconnu et vient d'un 0032, qui est l'indicatif... de Belgique. Ça va encore être un recruteur qui va me proposer un poste, ces derniers temps j'ai reçu des propositions de toutes les places financières, de Londres, de la Suisse, du Luxembourg. Je les ai toutes refusées, en connaissant la situation de mon homme qui doit effectuer ses peines, je ne peux pas me permettre de quitter la France.

Je n'ai pas eu tort.

« Bonjour madame, je vous appelle pour vous proposer un poste basé à Bruxelles. J'ai consulté votre CV sur... »

« Monsieur, je suis vraiment désolée, mais je suis déjà en poste, je viens de commencer et je ne serais pas disponible pendant encore un an. Je suis navrée. »

Je raccroche, mais l'homme renouvelle son appel.

« Tu ne m'as pas reconnu ? C'est K'mel. »

« Tu es où ? Tu es en Belgique ? Tu as fait QUOI ? »

« Oui, je suis en Belgique. J'ai créé un nouveau profil sur Facebook, peux-tu m'ajouter pour qu'on puisse discuter ? Tu me reconnaîtras. »

« Oui, bien sûr... Dis-moi où tu es et je viens immédiatement. »

« Je ne sais pas si c'est une bonne idée... »

« Je ne te laisse pas le choix. »

« Très bien. Ça marche, je t'envoie l'adresse de l'hôtel par Messenger. »

Alors je m'excuse auprès de la photographe, je prétexte une urgence d'ordre privé et je cours au métro pour revenir chez moi. En vitesse, j'achète un billet de bus aller-retour pour Bruxelles, je calcule frénétiquement combien de temps il me reste avant de partir, je prépare un petit bagage d'environ deux kilos, je prends quelques produits cosmétiques et une brosse à dents et c'est parti. Je n'ai pas eu le temps de dîner, je trouve un morceau de baguette de la veille sans en faire un sandwich et il est déjà vingt et une heure, il ne reste qu'une heure avant le départ. Je n'ai que trente minutes pour arriver à Bercy, ça risque d'être juste mais il faut accélérer.

Une fois dans le bus, je me connecte sur le wifi et on s'appelle en visio. Il a l'air heureux de me parler, content que je vienne je rejoindre, il n'a pas peur. Il est dans un petit hôtel à Molenbeek, le quartier populaire dans lequel il est tout à fait possible de se fondre dans la masse. Contrairement à moi, il a mangé, il a pris sa douche et il s'est reposé. Ses yeux sont grands et tendres, son regard plongé dans le mien, ses mots sont doux et affectueux. Il me regarde comme si j'étais la seule femme sur terre, comme si j'étais une fée du paradis, comme si j'étais sertie d'or et de diamants. On discute de tout et de rien comme toujours, mais une épée de Damoclès risque de sectionner nos liens et on ressent comme une présence maléfique du danger. Quelque chose est brisé et les choses ne seront plus comme avant. Pour le moment, seul l'écran de smartphone nous sépare ; bientôt ce sera peut-être des barreaux.

Il est vraiment à Bruxelles, ce con, il est parti en cavale ! Je suis terrorisée, j'ai peur pour lui, je n'ai pas envie qu'il subisse un contrôle ou une interpellation musclée, je préfère qu'il se rende et qu'il fasse sa peine. Avec un bon comportement, il ne fera que la moitié, on pourrait se retrouver en un an et poussières. J'ai peur d'une fiche de recherche, car le fichier N-SIS qu'on appelle aussi le fichier Schengen, couvre toute l'Union européenne et n'importe quel policier communautaire pourra l'interpeller, l'emmener en détention et l'extrader à la France. Il faut absolument que j'arrive à le convaincre de revenir en France.

Les délits se prescrivent au bout d'un moment et une peine de prison non effectuée pourra tout à fait être prescrite après quelques années. Mais le risque de se faire prendre est trop élevé, le prix à payer est trop élevé, car il faudra éventuellement vivre sous une fausse identité, sortir de tous les circuits légaux, travailler au nom de quelqu'un d'autre, ne pas cotiser pour sa retraite pendant la durée de la cavale... Pour avoir une chance, il faudrait envisager de s'installer dans un pays qui n'a pas signé les accords d'extradition avec la France, mais la Belgique n'en fait pas parti... Ni d'ailleurs les autres pays développés. S'il reste en cavale dans un pays éloigné, comment faire pour venir le voir ? Je préfère encore qu'il soit détenu près de Paris, pour que je puisse le visiter, l'encourager sans se cacher, sans craindre les policiers en planque, sans me rendre coupable de complicité.

Je suis libérale et je respecte les choix individuels, alors les chantages affectifs sont exclus. Je vais juste le supplier qu'il se rende, qu'il me permette de l'aider de manière légale, car la fuite ne fera qu'aggraver les choses.

J'arrive à Bruxelles à deux heures du matin, il fait froid et je ne le vois nulle part. Je regarde les autres passagers s'éloigner et je ne sais pas trop quoi faire, s'il y a encore des taxis, si je saurais le trouver. Et tout d'un coup, il est là, comme un cadeau du ciel, il m'attendait de loin et ne voulait pas s'approcher de mon bus pour une raison inconnue. Il fait horriblement froid et il me serre dans ses bras, là où j'appartiens, là où se trouve mon foyer.

Une fois à l'hôtel, je dors d'un œil, je me réveille fréquemment et j'ai très froid. Il est heureux de me voir mais je le trouve préoccupé, pensif, presque dépressif. Il a l'air de vouloir rester en Belgique, loin de moi, pour pouvoir rester en liberté. La Belgique n'est pas loin de la France, ses parents et ses grands frères pourront venir le voir. Il préfère que ses parents le visitent en Belgique plutôt qu'en prison.

Le lendemain matin, ma mère m'appelle. Je lui explique en vitesse que je suis à Bruxelles et que K'mel a préféré fuir la France plutôt que de venir à son rendez-vous pénitentiaire. Elle est très déçue, mais elle prend son temps pour m'expliquer la situation d'un autre point de vue. Ma mère est juge et au début de sa carrière elle a été affectée au tribunal correctionnel, donc elle connait parfaitement bien les procédures d'application des peines et les manières de les alléger. Surtout, elle sait expliquer la situation du point de vue d'un magistrat, elle est capable de se détacher pour analyser notre situation comme s'il s'agissait d'un tiers. Elle sait ce qu'on doit montrer au juge pour obtenir sa clémence ou susciter son intérêt. Nous savons déjà que les détenus « primaires » n'effectuent jamais la totalité de leur peine mais un peu plus que la moitié. Sur trois ans et demi, cela fait un an et neuf mois. Ce n'est pas une très longue durée pour quatre délits différents, il faut quand même l'admettre. Je lui pose la question sur le rendez-vous pénitentiaire que K'mel a raté et je demande si le fait d'avoir fui peut aggraver son cas. Elle me dit qu'il n'y aura aucun problème s'il revient en France et s'il se rend dès lundi matin. Elle me conseille de le convaincre de revenir, pour son propre bien. Elle m'explique comment les mandats d'arrêt sont envoyés et quelles sont les différentes modalités de la prescription. Pendant presqu'une heure, nous sommes au téléphone, je l'écoute presque sans respirer, pour tout retenir. Ma décision est prise, je vais tout faire pour le convaincre de se rendre, mais s'il refuse, je ferai ce qui est dans mon pouvoir pour l'aider en toute circonstance.

Nous sortons pour chercher un petit déjeuner et nous achetons des croissants, pas aussi bons qu'en France, puis nous nous asseyons dans un parc non loin de notre hôtel. Il me dit que la Belgique sera son nouveau pays, qu'il veut mettre une croix sur la France, il me promet qu'on se verra toujours et que cette épreuve ne va pas nous séparer. Nous passons une très belle journée à Bruxelles, nous découvrons ses rues et ses quartiers populaires, nous visitons des petites épiceries pour tenter d'acheter une carte téléphonique et nous inspectons le marché du travail pour voir s'il y a des opportunités pour rebondir. Je pose la question à quelques vendeurs de portables s'il est possible d'acheter une puce sans nom, comme on le fait en France, car mon fiancé – que voici – est sans papiers et ne veut pas prendre une puce déclarée. Il ne dit pas un mot, car son accent parisien pourrait le démasquer. Mais un par un, plusieurs vendeurs nous expliquent que les puces sans nom n'existent pas en Belgique, que l'état a interdit cette pratique depuis la vague d'attentats commis par Daesh, qu'il nous faudra prendre une puce avec une pièce d'identité. J'ai pensé alors à lui procurer une fausse pièce d'identité, mais le risque est trop élevé de se faire prendre et d'ajouter le délit de faux et usage de faux à ses autres délits. Il me dit qu'en étant Européen, il ne peut se permettre de vivre avec des faux papiers comme le font les immigrés clandestins, venus en Europe sans passeport en traversant les frontières par la mer ou la forêt, car lui sera facilement identifiable grâce à son ADN. Une à une, nous écartons toutes les possibilités, toutes les idées nous paraissent trop farfelues, chaque pas apporte une nouvelle déception.

Nous mangeons un plat marocain dans un petit restaurant du quartier, nous apprécions beaucoup ces saveurs et nous essayons de nous sentir chez nous dans cette nouvelle ville. A ce stade, nous n'avons absolument aucune idée de quoi est fait demain, ni même de quoi est fait l'après-midi. La seule certitude que j'ai, c'est que j'ai pris un billet de retour car dès lundi matin je dois revenir au bureau, peu importe ce que lui décidera. Il va falloir que l'un de nous continue de travailler, car l'autre aura besoin d'un soutien financier quoi qu'il arrive.

Je regarde les prix de l'immobilier dans les agences bruxelloises et je m'imagine propriétaire, avec un appartement à mon nom dans lequel je pourrais cacher mon homme. Je calcule combien de cash il me faut pour un tel projet et si avec mes avoirs disponibles je peux me permettre une petite surface dès l'instant. Puis nous visitons le quartier européen, je me dis qu'il sera assez facile de trouver un nouveau travail pour déménager en Belgique, pour quelques instants j'oublie pourquoi nous sommes là et je me permets de rêver, auprès de celui que j'aime. Alors que ces pensées me traversent l'esprit, je suis toujours déterminée de le convaincre de revenir, de faire sa peine et retrouver plus vite sa liberté. Pour le moment je ne lui dis rien, je ne fais qu'observer la ville et m'imprégner de ses saveurs, envisageant un avenir.

Après le déjeuner, K'mel m'annonce qu'il a pris la décision de ne pas rester en Belgique et nous prenons le métro pour nous rendre à l'aéroport. Il porte avec lui ses deux passeports, tunisien et français, mais ne dit pas où il veut partir. Il me donne l'impression qu'il ne le sait pas lui-même, ce qui n'est pas très rassurant.

Arrivée à l'aéroport, je suis son regard et remarque qu'il cherche des vols pour Tunis. Son pays d'origine n'a pas des accords d'extradition avec la France et il pourrait s'y installer sans devoir répondre à la justice. Mais la Tunisie est un pays compliqué, ravagé par le chômage et ses ressortissants risquent leur vie pour traverser la mer sur les embarcations de fortune et venir en Europe chercher un travail. Que va-t-il faire là-bas, de quoi va-t-il vivre. Et surtout, que se passera-t-il s'il décide d'épouser une fille de son origine, que vais-je devenir ? Pourrais-je trouver un travail là-bas et comment je vais pouvoir m'y prendre ?

Nous nous approchons d'un guichet et il décide de poser des questions sur les prix des vols. Je me tiens à côté de lui, craignant pour sa sécurité, pour son avenir, pour notre relation, pour notre vie. Mais il ne demande pas les prix des billets pour la Tunisie. Il demande le prix des billets pour *New York*.

Quelques semaines auparavant, nous avons vu un documentaire sur les gens qui viennent s'installer à la Grosse pomme et qui parviennent à trouver un travail, louer un logement et même suivre des formations, en utilisant des fausses cartes de sécurité sociale. A ce qui paraît, le maire de New York est au courant de ça et il estime que c'est une chance pour l'économie américaine d'attirer autant de jeunes talents qui finiront tous par être régularisés. Depuis longtemps, nous rêvons tous les deux de nous installer aux Etats Unis, pays de liberté et d'opportunités offertes à tous, pays nouveau qui permet de réaliser n'importe quel conte de fées. Mais je n'ai jamais imaginé vivre là-bas avec des faux papiers, je pensais plutôt demander un visa de travail et y aller la tête haute, au lieu de vivre dans la peur d'être démasquée. A présent, notre situation est différente, nos choix se réduisent et nos options sont peu à peu éliminées.

Nous décidons de prendre un café pour en discuter et prendre une décision. Il se souvient de notre voyage à Miami, où nous n'avons pas acheté les billets d'avion au même temps mais séparément et il s'est retrouvé tout seul à Fort Lauderdale, le lendemain de l'élection de Trump. La police aux frontières l'a retenu pendant trois heures avec quatre autres parisiens d'origine arabe, avant de décider de le relâcher, juste pour s'assurer qu'ils sont venus pour le tourisme et non pour faire exploser une tour quelque part. Surtout, les Américains ont un système carcéral ultraviolent et leur justice est impassible, intraitable, imprévisible. Si jamais il est arrêté aux Etats Unis, il se passera du temps avant qu'il soit extradé vers la France. Comment faire pour l'aider dans un tel cas de figure ? Comment faire pour le visiter ? Et comment faire pour le visiter chaque week-end même s'il n'est pas incarcéré à Rikers, mais vit à New York ? J'aurais du mal à m'organiser pour venir le voir. Avec cinq heures de vol aller et cinq heures de vol retour, plus les files d'attente dans les aéroports, il ne nous restera qu'un quart d'heure pour se voir, se faire un bisou et éventuellement boire un café ensemble.

Nous sommes tous les deux perdus, stressés et terrorisés de peur. Nous avons une grosse dispute à l'aéroport de Bruxelles, il m'a poussé pour me faire partir, il a dit qu'il appellerait la police pour dire que je le harcèle si je ne pars pas dans une autre direction. Puis il s'en va d'un pas rapide, pendant que je le suis à la trace. J'ai peur de le perdre dans la foule. Pendant plusieurs minutes, longues et terribles, il marche très rapidement devant moi, je le suis à une distance d'une vingtaine de mètres, pour ne pas le perdre et pour ne pas le provoquer. La dernière chose que nous avons besoin, c'est d'attirer la police à cause d'une grosse dispute devant les autres passagers.

Il finit par entrer dans les toilettes des hommes et je m'arrête devant la porte. Je l'attends à l'extérieur sans un mot. Je le vois laver ses mains, le regard triste, avec un visage fermé. Lorsqu'il sort, il me serre dans ses bras et me demande de lui pardonner. Evidemment que je lui pardonne de m'avoir repoussé, avant même qu'il me le demande.

Nous restons assis à l'aéroport pendant tout l'après-midi, sans savoir quoi faire. Il évoque une nouvelle option, celle de partir à Londres, car il y a du travail, c'est plus près que les Etats-Unis, puis il y a le Brexit. Une fois sortie de l'Europe, la Grande Bretagne mettra du temps pour renégocier tous les accords économiques ou juridiques avec les autres états européens, il est possible que les éventuels accords d'extradition prennent du temps à se mettre en place. Nous connaissons déjà Londres pour y avoir vécu au cours de l'année précédente, nous pensions faire notre vie là-bas, mais la convocation à se présenter devant le Tribunal correctionnel a eu raison de notre projet. Nous étions obligés de revenir à Paris, après avoir loué un appartement, après avoir ouvert nos comptes bancaires, après avoir obtenu nos numéros de sécurité sociale permettant de travailler.

Mais Londres n'est pas dans l'espace Schengen et il lui sera difficile de traverser la frontière s'il y a un souci. S'il reste dans l'Union européenne où il n'y a pas de frontière, au moindre problème il pourra quitter l'Allemagne pour l'Espagne, il pourra déménager du Portugal en Suède, il pourra semer les autorités derrière lui et faire répartir tous les délais et toutes les enquêtes de zéro.

Il me demande mon avis mais je ne peux pas prendre une décision qui lui revient. Je peux juste l'aider à prendre en compte tous les paramètres, à lui de prendre la décision finale.

Il appelle son grand frère Nasser, le seul duquel il est proche, et lui demande son avis. Ce dernier vote pour la Belgique.

Nous décidons de rentrer à l'hôtel et nous nous arrêtons dans un petit restaurant marocain qui prépare la délicieuse *harira*, l'onctueuse soupe aux légumes secs, tomates et viande. Nous sommes déboussolés, affamés, émus, nous avons froid, nous avons peur, nous tremblons et la soupe nous réchauffe. Nous nous renseignons sur les emplois, sur les possibilités d'ouvrir un commerce, sur le marché immobilier, auprès du responsable du restaurant. Encore une fois, on nous dit que les puces sans nom ne sont pas en vente en Belgique.

Il me reste encore une nuit et une demie journée avec lui, avant de rentrer à Paris. Je décide de lui avouer que je préfère qu'il rentre avec moi, qu'il se rende, qu'il fasse sa peine et qu'on en finisse dans pas longtemps. Toutes nos connaissances du quartier qui ont fait de la prison, que ce soit pour le trafic de cannabis ou de la cocaïne, ou pour cambriolages et séquestrations – tous n'ont effectué que la moitié de leur peine. Il existe des remises de peine automatiques qui sont accordées le premier jour de la détention, puis des remises de peine supplémentaires qui sont accordées pour bon comportement en détention, qui peuvent être retirées à ceux qui ne respectent pas les règles. En même temps, la cavale doit durer plus de cinq ans, pendant lesquels il n'y a pas de vie normale, pas d'emploi légal, pas une seconde de tranquillité. Je finis par le supplier, tout en lui disant que je respecterai son choix quel qu'il soit et que j'épaulerai dans les deux cas.

C'est alors qu'il se met à pester contre la société qui ne lui a jamais donné sa chance, contre l'école qui l'a prédestiné aux métiers manuels dès le CP, contre tous ses employeurs qui l'ont recalés, contre les huissiers qui ne l'ont jamais laissé en paix, contre les policiers qui l'ont mis en garde à vue à d'innombrables reprises, contre la justice qui aurait adressé des rappels à la loi aux français de souche pour les mêmes délits qu'il a commis.

« Ce qui me dérange le plus, c'est que personne à part toi n'a remarqué que j'ai changé. J'ai arrêté de fumer, je me suis fait suivre par un psychologue, j'ai commencé à payer mes dettes, je me suis inscrit pour passer le baccalauréat en candidat libre et surtout je n'ai plus commis de délit depuis plus de trois ans. J'ai respecté les conditions de mon contrôle judiciaire et j'ai indemnisé mes victimes. Mais personne ne le voit. Lorsque j'ai été emmené en menottes devant le procureur jeudi dernier, elle n'a rien voulu entendre. Je lui ai pourtant expliqué que mon avocat a déposé une requête en confusion de peines et qu'il fallait attendre la réponse pour connaître les dates définitives de mes peines. Elle a répondu qu'il fallait absolument que je parte en détention, sinon je serai trop vieux et la peine n'aurait plus aucun intérêt, je ne pourrais plus me réinsérer à ma sortie. Elle ne m'a pas laissé la parole, elle a dit que mon affaire était déjà jugée et que tout a été dit lors du procès. Puis elle a ajouté, *la place d'un criminel comme toi est derrière les barreaux.'* Ses propos m'ont choqué. Et pour couronner le tout, ils m'ont retiré mes lacets au commissariat pendant la garde à vue, puis ils les ont perdus. Quand je les ai réclamés à l'agent de l'accueil, il m'a envoyé balader on me disant qu'il s'en fout. »

« Pour commencer, tu n'es pas un criminel mais un délinquent. Puis elle n'a pas le droit de te tutoyer. Je n'arrive pas à croire qu'elle t'a parlé de cette manière ! Y a-t-il eu des témoins ? »

« Juste le gendarme qui a assisté à l'audience. »

« Ce n'est pas normal, je te comprends tout à fait. Mais on ne peut pas se battre contre le système, nous sommes tout seuls et ils sont nombreux. On n'a pas assez de pouvoir face à eux. Seul Dieu peut nous protéger. »

« Elle voulait que je parte en détention immédiatement, mais j'ai réussi à négocier avec elle pour qu'elle me laisse un peu de temps pour me préparer et dire au revoir à mes parents. On n'emmène pas une personne faire trois ans et demi de détention du jour au lendemain, il faut la laisser préparer son absence. Alors elle m'a laissé repartir, à condition de revenir le lendemain à onze heures. »

« Ma mère dit qu'il n'y aura pas de séquelles si tu reviens lundi et si tu acceptes de faire ta peine. Tu pourras même passer ton baccalauréat en détention et bénéficier du soutien scolaire. »

« Ça suffit. Je ne t'ai pas laissé venir ici pour tenter de me convaincre de revenir. Je voulais qu'on passe un beau week-end ensemble et qu'on parle d'autre chose. »

« Comme tu veux. »

Alors que nous parlions, une voiture de police est passée par là et nous avons compris qu'il nous faudra faire attention dans l'avenir pour les éviter. Même dans un parc de Bruxelles, assis ensemble dans le froid vers minuit, nous n'étions pas en sécurité.

« Au bout d'un moment, il y aura une fiche de recherche qui sera envoyée. Pendant la première année, il ne se passera rien. Je ne suis ni dangereux ni célèbre, ils n'ont pas les moyens pour faire les recherches. Au bout de deux ans, ils risquent d'interroger mes proches, d'organiser les planques près des endroits où ils vivent, ils vont compter sur les attaches familiales pour tenter de me retrouver. Au bout de trois ans, il y aura une fiche de recherche internationale et c'est à partir de ce moment là où il faudra faire attention pour ne pas se faire prendre. »

« Je pense que l'inscription au fichier N-SIS[5] sera plus rapide. Ils le font pour les clandestins qui sont interdits de territoire, alors qu'ils n'ont commis aucun délit. Tu penses vraiment qu'ils vont mettre du temps pour t'inscrire ? Et ce fichier est consultable dans tout l'espace Schengen, n'importe quel policier pourrait te contrôler et t'extrader. »

« Viens, on parle d'autre chose s'il te plaît. »

---

[5] Le fichier N-SIS, également appelé fichier Schengen, répertorie les personnes recherchées en vue d'une arrestation ou d'extradition, les personnes disparues, les personnes qui doivent comparaître devant un tribunal, les objets recherchés tels que les voitures volées, les objets recherchés aux fins de saisie ou de preuve dans le cadre d'une procédure pénale, les ressortissants de pays tiers interdits de séjour.

Nous nous sommes promenés encore un peu dans les rues de Bruxelles, puis nous sommes rentrés à l'hôtel, épuisés et gelés. La nuit n'a pas été longue.

Le lendemain, nous avons décidé d'aller à la mosquée pour prier et prendre la décision que faire. K'mel semblait déterminé de rester en cavale, mais il lui fallait choisir un pays où il pourrait s'installer. La Belgique ? Les Etats-Unis ? La Grande Bretagne ? Il valait mieux consulter Dieu avant de prendre une décision aussi lourde de conséquences.

Pour prendre une grande décision, les musulmans font une prière de consultation qui se déroule en plusieurs parties, mais qui se termine par une supplication dans laquelle le fidèle demande à Dieu de lui montrer le chemin. « *Seigneur, je me tourne vers Toi et je Te fais cette prière de consultation, alors guide-moi vers ce qui est meilleur pour moi dans ma vie terrestre et dans l'au-delà, par Ta miséricorde, oh le Plus Miséricordieux parmi les miséricordieux !* » Une fois la prière réalisée, le fidèle qui se pose une question reçoit sa réponse soit dans un rêve, soit par l'inspiration de la part d'un autre bon croyant, soit en ouvrant le Coran au hasard et en consultant le premier verset qui se trouvera sur la page de droite. Si le verset parle des prophètes, du paradis, des gens bien ou de quelque chose de positif, alors la réponse est positive. Si, en revanche, le verset mentionne les malheurs, les infidèles ou les châtiments de l'enfer, ou encore s'il commence par une négation, la réponse à sa question est négative.

Nous avons croisé deux mosquées sur notre chemin mais chacune d'elles était fermée à clé. Nous avons décidé de poser la question aux habitants du quartier s'il y avait un endroit où on pouvait prier. On nous a expliqué que les mosquées en Belgique étaient ouvertes seulement à l'heure des prières et fermées entre elles, car le gouvernement craignait les attentats terroristes. J'ai expliqué que nous devions voyager en quelques heures et que nous avions besoin de faire nos prières, jusqu'à ce qu'un épicier ait accepté d'aller chercher l'imam pour nous ouvrir. Nous avons ainsi perdu beaucoup de temps et j'étais obligée d'accomplir les prières de consultation à la va-vite, sans bien me concentrer. J'avais besoin d'environ une demie heure pour faire ces prières et je me suis installée dans une salle de classe réservée aux enfants, pour les cours du samedi. Mais nous étions le dimanche, les gens ont envoyé leurs enfants à l'école coranique et ils ont commencé à venir s'installer dans la même salle, en faisant beaucoup de bruit. J'étais tellement stressée que j'ai commencé à trembler, je cherchais les mots qu'il fallait prononcer pour que la prière soit correcte mais je me suis trompée à plusieurs reprises et je devais tout recommencer. Peu importe, l'enjeu était trop important, j'ai décidé de continuer jusqu'à la fin, même si je devais rater mon billet de retour pour Paris.

La première question que j'ai posée était : est-ce une bonne idée de rester en Belgique ? S'agit-il d'un bon pays pour nous ? Serions-nous en sécurité ici, allons-nous pouvoir trouver du travail ? En ouvrant les pages du Coran, en fermant les yeux et en lisant le premier verset sur la page de droite, j'ai tremblé d'anxiété.

« Toute autorisation de se défendre est donnée à ceux qui ont été attaqués parce qu'ils ont été injustement opprimés – Dieu est puissant pour les secourir – et à ceux qui ont été chassés injustement de leurs maisons, pour avoir dit seulement 'Notre Seigneur est Dieu.' » (22 :39-40)[6]

La France n'a pas su offrir l'égalité des chances à ses citoyens issus de l'immigration. Le système scolaire les a orientés vers les métiers sous qualifiés, le marché du travail les a exclus, le marché immobilier leur est devenu impensable, au point qu'ils se sont tournés vers la délinquance. Ce verset signifiait qu'on pouvait s'installer en Belgique et y vivre en toute tranquillité, en jouissant de nos droits civiques et

---

[6] Le Coran, traduction de D. Masson, Bibliothèque de la Pléiade, 1967.

religieux. Le verset commençait par les mots « il est autorisé », donc rester en Belgique était une bonne option.

Ensuite, j'ai posé la question s'il était possible d'aller s'installer à Londres. Nous connaissions déjà la ville, elle était à deux heures de train et il y avait beaucoup de travail. Mais le pays n'était pas dans l'espace Schengen et il y avait une frontière qu'il fallait éviter avec une fiche de recherche. Que se passera-t-il si K'mel doit visiter ses parents, s'il y a une urgence familiale, comment va-t-il pouvoir revenir ?

Lorsque j'ai ouvert le Coran, le premier verset que j'ai trouvé du côté droit a été le suivant : « *Ils te demandent de hâter la venue du châtiment. Si le terme n'en était pas fixé, le châtiment les aurait déjà atteints, soudainement, sans qu'ils l'aient pressenti. Ils te demandent de hâter la venue du châtiment. La Géhenne enveloppera bientôt les incrédules.* » (29 :53-54) Un verset qui glaçait le sang dans les veines. Londres était donc une option qu'il fallait écarter.

J'ai laissé le retour en France pour la fin. J'étais beaucoup moins stressée, car l'une des deux options précédentes s'est avérée positive et j'avais de l'espoir que nous serons sous la protection de Dieu si nous restons à Bruxelles. J'ai vidé ma tête de toutes les pensées négatives et je me suis laissé envahir par la paix, dans ces moments de recueillement et de communication avec mon Créateur. La réponse a été splendide.

« *Nulle intercession ne sera utile devant Dieu à part l'intercession pour la personne en faveur de laquelle il l'aura permise. Lorsque la frayeur sera bannie de leurs cœurs, on leur demandera : 'Qu'a dit votre Seigneur ?' Ils répondront : 'La vérité !' Il est le Très-Haut, le Très-Grand !* » (34 :23)

Le verset était très beau et très rassurant, une promesse qu'on n'allait plus avoir peur et que nous allions vivre dans la vérité. Alors j'ai dit à K'mel qu'il lui fallait choisir entre rester à Bruxelles et rentrer à Paris pour faire sa peine, et que je le soutiendrai par tous les moyens quelle que soit l'option choisie.

Depuis déjà quelques années, son père était grièvement malade et chaque jour devenait de plus en plus faible. Lorsque la police est venue l'arrêter, son père était à la maison et il a fondu en larmes en voyant son fils menotté. « Ils me l'ont enlevé de mes mains, » dira-t-il plus tard, avec tout le chagrin d'un père qui ne sait pas s'il reverra encore son fils avant de partir de ce monde. Comment alors peut-on envisager de se rendre et abandonner un père dans une situation si délicate, si incertaine, si on a la possibilité de rester en cavale et organiser les rencontres familiales à Bruxelles, qui est à quelques heures de trajet de Paris ?

D'un autre côté, une cavale entraînait la possibilité d'une arrestation musclée qui pourrait mal tourner. Lorsqu'un fugitif ne se rend pas de son plein gré, la force publique s'octroie le droit d'utiliser la force disproportionnée afin de l'arrêter et emmener derrière les barreaux. Un tel risque vaut-il la peine ? Mon choix était fait, je voulais que mon homme rentre en France pour effectuer sa peine, mais je n'allais pas le lui imposer, il fallait que ce soit son choix.

A présent, il fallait que je rentre à Paris. K'mel a dit qu'il a décidé de rester à Bruxelles. J'ai alors retiré cinq cents euros pour les lui donner et je lui ai dit que je reviendrai le lundi soir à la même heure et à la même gare, car le mardi 8 mai était un jour férié, puis le mercredi soir, car le jeudi 10 mai était le jour de l'Ascension. Puis je reviendrai le voir chaque week-end. Je lui apporterai des vêtements propres et je repartirai avec du linge sale, pour qu'il puisse être mobile. J'avais peur de le laisser seul, j'avais mal au cœur de repartir sans lui.

Le car était déjà sur le point de partir lorsque j'ai demandé au chauffeur de me laisser ressortir, pour que je puisse serrer K'mel encore une fois dans mes bras. Il a accepté avec un sourire, en voyant bien qu'il s'agissait d'une histoire d'amour digne de Roméo et Juliette, entre deux fous qui n'arrivaient pas à se passer l'un de l'autre.

De retour à Paris, j'ai acheté un nouvel aller-retour pour Bruxelles à la gare de Bercy et je suis rentrée dans mon quartier. Alors que je m'apprêtais à monter chez moi, j'ai reçu un appel de la part d'un neveu de K'mel.

« Pourquoi tu ne décroches pas ton WhatsApp ? K'mel te cherche et veut que tu le rappelles tout de suite. »

J'étais tellement préoccupée par l'achat d'un nouveau billet pour Bruxelles que je n'ai même pas regardé mon portable, je n'ai pas remarqué que l'internet a été coupé et que j'ai eu une trentaine d'appels en absence.

Je rentre chez moi en vitesse, je me connecte sur l'internet et je rappelle mon homme dès que la connexion est rétablie. Mon cœur bat comme s'il voulait sortir de ma poitrine, je suis excitée à l'idée d'entendre sa voix de nouveau, quelles que soient les nouvelles qu'il va m'apporter.

« Tu as acheté ton nouveau billet pour Bruxelles ? »

« Oui, évidemment, dès que je suis arrivée à Bercy. »

« Eh bien, il va falloir l'annuler. J'ai pris un TGV pour rentrer à Paris, j'arrive à la Gare du Nord dans une demie heure. Demain matin j'irai me rendre pour faire ma peine. J'ai bien réfléchi, ça ne sert à rien de rester en Belgique sans travail et sans logement... En un seul week-end j'ai claqué quatre cents euros, à ce rythme-là je ne vais pas tenir longtemps. »

« Je viens te chercher à la Gare du Nord, attends-moi quand tu descends du train. »

« Merci pour tout ce que tu as fait pour moi et pardonne moi car je t'ai imposé cette épreuve. »

Je sens que ma poitrine est envahie d'une étrange douleur, je suis émue et très touchée. Alors qu'il s'apprête à purger une peine de prison d'une durée de trois ans et demi, cet homme magnifique pense à moi et à ma solitude. Je me reprends et je lui réponds que ce n'est rien, que c'est mon rôle de femme de le soutenir dans toute circonstance, si on est un couple uni pour le meilleur et pour le pire. J'ajoute qu'il a pris la bonne décision, qu'il a fait le bon choix et que tout allait bien se passer à partir de maintenant.

« Qu'est-ce qui t'a fait changer d'avis ? »

« J'ai décidé de rentrer pour toi, parce que je t'aime. »

3.

Lundi matin, le 7 mai 2018, K'mel est parti au Bureau d'exécution des peines près du Tribunal de grande instance de Paris, pour honorer son rendez-vous pénitentiaire. Il a passé la journée en effectuant avec eux des démarches administratives et il a été mis sous écrou tard dans la soirée. Le greffe a enregistré ses condamnations à 22h48 et lui a attribué un numéro d'écrou à six chiffres. Il lui a également remis un document de quatre pages, intitulé « Information au condamné sur la date prévisible de libération et les conditions de retrait du crédit de réduction de peine », une page pour chacune de ses condamnations. Seule la durée de la peine prononcée et la juridiction concernée étaient mentionnées, très probablement pour éviter que l'administration pénitentiaire apprenne le motif de son incarcération. Le greffe l'a informé qu'il allait bénéficier d'un crédit de réduction de peine automatique de cinq mois pour sa peine de deux ans et de 42 jours pour chacune de ses peines de six mois, et qu'il était proposable à la libération conditionnelle le 19 septembre 2019, date de sa mi-peine. Ces crédits de réduction de peine (CRP) peuvent être retirés en cas de mauvaise conduite ou d'une nouvelle condamnation à une peine d'emprisonnement pour des faits commis après la libération.

Dans mon monde, personne n'est jamais allé en prison, si on ne compte pas quelques prisonniers politiques du temps de l'empire autrichien et quelques détenus des camps de concentration du temps des grandes guerres. Fille des hauts fonctionnaires et cadre dans l'entreprise, je n'ai jamais connu ne serait-ce qu'un voisin qui est allé en prison. Les seules informations que j'ai pu avoir sur le monde carcéral venaient de la télévision et de quelques ouvrages littéraires. J'ai lu l'*Autobiographie de Malcolm X* d'Alex Haley et le *Roman français* de Frédéric Beigbeder, qui m'ont particulièrement marqué. Beigbeder est mon écrivain français préféré et ce livre, pour lequel il a obtenu le prix Renaudot, raconte sa garde à vue et sa nuit passée au Dépôt avant le jugement en comparution immédiate pour avoir consommé de la cocaïne en public.

« Je ne savais rien, j'ai vécu toute ma vie dans l'ignorance. Je me suis aperçu cette nuit-là que je n'avais jamais souffert. Cet endroit est la honte de mon pays, un enfer comme la prison de la Santé où je suis allée rencontrer les prisonniers il y a quelques années, alors que Véronique Vasseur venait d'écrire un pamphlet pour en dénoncer la vétusté : le livre lui avait coûté son job de médecin-chef mais n'a rien changé à la scandaleuse dégueulasserie de la geôle parisienne. Le Dépôt est suintant, gluant, glacial comme la Santé. Le nom sonne trop gentil : ce n'est pas un Dépôt, c'est un cachot. Le Dépôt est une fosse commune où l'on déverse les corps cadavériques des réprouvés. Ce donjon date du Moyen Âge et vous pouvez à tout moment y être détenu. C'est un grand hall souterrain aux murs épais, aux plafonds voûtés, avec des rangées de cellules à gauche et à droite, en haut et en bas, séparés par des grillages et de lourdes portes en métal à verrous coulissants, dans lesquels les hommes appellent au secours, supplient de sortir, clament leur innocence et se font casser la figure derrière les barreaux. Le Dépôt de Paris est une prison miniature d'une quarantaine de cellules où s'entassent tous les 'déférés' : les délinquants ou criminels qu'on a jugé utile d'envoyer sous le Palais de justice en attendant qu'un juge daigne se réveiller. Il vous suffit de boire trois verres de vin et de prendre le volant, de tirer une bouffée de joint qu'on vous a tendu, d'être raflé lors d'une bagarre ou embarqué au cours d'une manifestation, et si le juge ou le flic est mal luné, si vous êtes connu et qu'ils veulent se payer votre tête, ou juste arbitrairement, par pur plaisir sadique, parce que leur femme les a mal baisés la veille, vous irez séjourner au Dépôt, sur l'île de la Cité, au fond d'une cour, sous la terre, à l'intérieur de la préfecture de police, derrière le palais de justice de Paris, en plein cœur de la Ville lumière, à deux pas de la Sainte-Chapelle, et l'on vous jettera menotté dans un trou noir, on vous désapera intégralement à nouveau pour regarder dans votre cul, avant de vous pousser dans un cachot humide et gelé sans ouvertures, dont le lit est une planche de bois, où les chiottes sont posées par terre, une cage à zombies non chauffée dont même les geôliers s'excusent avec embarras en baissant les yeux. [...] L'écho des pas et des cris étouffés du Dépôt résonnera toujours dans ma tête. Le bruit des chaînes, des clés, des menottes, des sanglots. Le gel sous terre. 'Ce n'est pas notre faute, on manque de budget.' Ce n'est jamais la faute de personne quand on accepte l'inhumanité. La France a trouvé des milliards d'euros pour renflouer ses banques en 2008 mais elle tolère un POURRISSOIR D'HUMAINS au centre de Paris. »[7]

J'ai aussi lu le livre de Véronique Vasseur, *Médecin-chef à la prison de la Santé*, que mentionne Beigbeder, à l'époque où il était sorti en 2000. Elle parlait de la vétusté et de l'insalubrité de l'établissement, l'absence d'hygiène et la surreprésentation des sans-papiers. En revanche, je ne savais pas qu'elle avait reçu des menaces de mort et subi des diverses diffamations, au point de devoir quitter sa fonction et devenir médecin interne de l'Hôpital Georges-Pompidou.

Je me souviens d'une soirée chez un ami ingénieur en informatique qui habitait dans le quartier de la porte de Montreuil, et d'une conversation téléphonique entre lui et une personne de son quartier à laquelle j'ai assisté. On l'a appelé pour l'informer qu'un homme qu'il connaissait était retrouvé mort alors qu'il purgeait une peine de prison ferme. Incrédule, il a dit que l'homme en question était sportif, psychologiquement solide et bien entouré par sa famille ; il n'a tout simplement pas pu commettre un suicide. Très touché par le triste destin de son ami, il a conclu que ça devait être un meurtre déguisé en suicide.

J'avais très peur pour K'mel, peur de la violence de l'enfermement, peur du harcèlement des surveillants

---

[7] Frédéric Beigbeder, *Un roman français*, Grasset, 2009, p. 216-219.

pénitentiaires, peur d'autres détenus incarcérés pour des faits beaucoup plus graves qui pourraient lui faire du mal, peur pour sa santé, peur qu'il déprime et qu'il recommence à fumer le cannabis. Or, dans les premières semaines de l'incarcération, le détenu est tout seul, en observation dans le quartier des arrivants, sans le moindre contact avec le monde extérieur. Il peut recevoir des courriers, mais tous ses écrits seront lus et censurés par l'administration pénitentiaire, y compris les courriers de ses proches qui viennent de l'extérieur. Seule la correspondance avec les avocats n'est pas contrôlée. L'obtention d'un permis de visite peut prendre plusieurs semaines, voire plusieurs mois dans certains cas, et peut même être refusé, y compris aux membres de la famille.

Or, lorsque j'ai tenté de joindre Fleury Mérogis le premier jour de son incarcération, j'ai dû renouveler mon appel une cinquantaine de fois pendant une demie heure, car la ligne était constamment occupée. Lorsque j'ai finalement réussi à joindre quelqu'un, personne n'a été capable de me donner son numéro d'écrou, indispensable pour envoyer un courrier ou demander un permis de visite. On m'a tout simplement dit de patienter jusqu'à ce que le service pénitentiaire d'insertion et de probation m'appelle lui-même. Il y avait deux jours fériés dans la même semaine et la prison était injoignable. J'ai finalement reçu leur appel le vendredi matin, le quatrième jour d'incarcération. Une fois j'ai obtenu le numéro d'écrou, je me suis dépêchée de préparer les dossiers de demande de visite pour son père, sa mère, son grand frère préféré, son neveu et moi-même. Je n'étais pas un membre de sa famille et nous n'avions aucun lien juridique, donc l'administration pénitentiaire pouvait très bien décider de ne pas me laisser le visiter.

Ma seule consolation, c'est que son entourage est très différent du mien, car il a grandi en France post-coloniale, dans les cités populaires ravagées par le chômage où les garçons héritent des vêtements et baskets de leurs grands frères, où chaque nouveau jour est un défi. Presque tous ses amis ont déjà été en garde à vue et plusieurs ont déjà été incarcérés, certains pour trafic de stupéfiants, d'autres pour des actes de violence, ou pour des vols et des cambriolages. Il a grandi en les écoutant raconter leurs histoires et j'ai même pu en déduire que la prison avait un certain prestige parmi ces jeunes, comme un parcours d'initiation qui vous faisait passer d'adolescence vers la vie d'adulte. Ils ont déjà dû le briefer, lui donner des conseils comment se comporter pour se protéger, il va peut-être même croiser ses connaissances en prison et sera mieux entouré.

J'ai eu un choc en découvrant les photos d'identité que j'ai prises pour mon permis de visite. Je ressemblais à une meurtrière photographiée lors de son arrestation, mon visage était fermé, mes yeux cernés, ma bouche serrée, mon regard vide. La douleur de mon expression faciale était presque palpable et on dirait que j'avais vieilli de plusieurs années.

Sans nouvelles de mon permis de visite, j'ai commencé à me renseigner sur Fleury Mérogis. J'ai vu un documentaire d'Envoyé spécial, *Prison de Fleury, les images interdites*, qui montre des cellules vétustes, des fenêtres sans vitres même en hiver, des douches collectives autorisées trois fois par semaine qui ne fonctionnent que si on enfonce une fourchette pour bloquer le débit lui permettant de couler en continu et si on enroule un gant de toilette autour du pommeau pour éviter que les jets se dispersent. Dans un article de Nouvel Obs, j'apprends même que les détenus sont contraints d'utiliser des réchauds à pastilles combustibles chauffantes pour préparer leurs plats, des pastilles prévues pour le camping à l'extérieur dont la combustion libère des oxydes d'azote, de l'ammoniac, du cyanure d'hydrogène ou encore du formaldéhyde, qui sont des substances hautement toxiques et cancérigènes.[8] En

---

[8] Samuel Gautier, *Cuisiner en cellule nuit gravement à la santé des détenus*, Le Nouvel Observateur avec Rue89, 20 juin 2012, https://www.nouvelobs.com/rue89/rue89-nos-vies-

apprenant ces informations, je suis abasourdie, j'ai mal pour mon homme, j'ai envie d'ouvrir mes fenêtres et de crier pour secouer tout le pays, tellement je suis en colère. Puis j'apprends que le bâtiment D1 dans lequel K'mel est incarcéré a été rénové et qu'il y a désormais des douches dans chaque cellule, qu'il n'aura pas à se doucher en présence d'autres détenus et qu'il ne risquera pas qu'on lui plante une fourchette dans le corps.

Fleury Mérogis me fait particulièrement peur à cause du très grand nombre d'islamistes qui sont incarcérés après avoir été en guerre, en Syrie ou en Irak, et qui peuvent le croiser en promenade. Tous les procès pour terrorisme se déroulent devant les tribunaux parisiens et tous les terroristes présumés ou condamnés sont naturellement détenus en région parisienne. Je n'ai pas peur qu'ils arrivent à le recruter, ce qui est impossible, puisque K'mel connait bien sa religion et peut détecter les erreurs d'interprétation ; j'ai peur qu'il se fasse des amis parmi eux et que l'administration pénitentiaire en profite pour allonger sa peine. Il ne verra jamais Salah Abdeslam, le commando de l'attentat du 13 novembre 2015, qui est à l'isolement, mais il pourrait rencontrer d'autres hommes fortement endoctrinés ou des détenus particulièrement signalés (DPS) qui pourraient lui créer des ennuis sans qu'il fasse exprès. J'ai peur qu'il y croise des meurtriers, des hommes capables d'ôter la vie à un être humain, car j'estime qu'ils n'ont rien en commun. Que peut-il avoir en commun avec Jacques Mesrine, Antonio Ferrara, Michel Fourniret ou Yvan Colonna ? Et pourtant, tous ces hommes ont été détenus à Fleury Mérogis.

Je remercie Dieu que K'mel n'est pas à la prison de Fresnes, particulièrement vétuste et insalubre, connue par la cruauté de ses surveillants et le dernier lieu où fut entreposée la guillotine, avant l'abolition définitive de la peine capitale. Je

connectees/20120620.RUE0775/cuisiner-en-cellule-nuit-gravement-a-la-sante-des-detenus.html me souviendrais toujours des paroles de Jawad Bendaoud, le malheureux logeur des terroristes de Bataclan, qui a raconté au juge qu'un gros rat venait dans sa cellule à Fresnes et qu'il se tenait debout comme un humain, pendant qu'il lui donnait des morceaux de fromage.

Avant d'obtenir un permis de visite, les proches des détenus peuvent leur déposer un sac de vêtements une fois par semaine. Le premier samedi après son incarcération, je suis allée à Fleury pour lui apporter quelques affaires et pour estimer la durée du trajet, pour pouvoir revenir à temps lorsque j'aurais mon permis de visite. Avant d'y aller, je me suis renseignée sur les vêtements autorisés et leurs couleurs, je lui ai acheté des nouveaux caleçons et des chaussettes, puis j'ai acheté des manuels scolaires pour qu'il puisse préparer son baccalauréat ES. J'ai acheté la méthode d'anglais *Assimil* et un dictionnaire d'économie pour lui faciliter l'apprentissage de cette nouvelle matière. J'étais contente de pouvoir lui apporter ces affaires, j'étais persuadée qu'il l'apprécierait.

J'ai pris le RER D et je suis descendue à Juvisy, puis j'ai pris le bus D5 qui s'arrêtait devant la maison d'arrêt après une quinzaine de stations. Il fallait compter une demie heure de trajet en RER, une demie heure de trajet en bus, une demie heure d'attente pour chacun, puis ajouter le trajet depuis mon appartement jusqu'à la Gare du Nord. J'ai calculé un peu plus de trois heures, pour avoir une marge de manœuvre et ne pas venir en retard.

Une fois arrivée à la maison d'arrêt de Fleury Mérogis, j'ai découvert un accueil dédié aux familles et installé dans un petit bâtiment préfabriqué, avec des casiers à code pour leurs affaires personnelles, dont un grand nombre était hors service. Quelques surveillants pénitentiaires en uniforme donnaient des informations aux familles, car ils avaient la liste des visites prévues pour la journée. Ils m'ont donné le planning des visites selon le bâtiment et les coordonnés bancaires de l'établissement, afin de pouvoir envoyer des virements à

K'mel. Il y avait aussi une association chrétienne qui conseillait les familles et expliquait comment faire les démarches, puis une petite garderie dans un coin de la pièce principale, où les enfants pouvaient jouer. Les toilettes étaient pires que dans une gare routière d'un pays sous-développé ; il ne fallait rien manger ou boire le matin de la visite, afin de ne pas avoir envie d'aller aux toilettes.

Après avoir rangé mes affaires dans un casier à l'accueil familles, je suis allée me présenter à l'entrée pour être fouillée. J'ai apporté avec moi seulement un petit papier avec le numéro d'écrou et ma pièce d'identité. J'ai donné le sac aux surveillants pour qu'il puisse être scanné aux rayons X et je suis passé à travers le détecteur des métaux, comme dans un aéroport. Me voilà à l'intérieur de l'établissement, à côté d'un escalier en colimaçon qui menait au premier étage, où se trouvait le bureau de réception des sacs apportés par ceux qui ne bénéficiaient pas de permis de visite.

Et c'est dans ce couloir que j'ai vu des barreaux pour la première fois. Des barreaux immenses, menaçants, qui se trouvaient juste avant la rotonde, un vaste hall circulaire où les visiteurs et les avocats devaient attendre leur parloir. Des barreaux qui n'avait aucune utilité dans cet endroit réservé aux visiteurs, qui avaient comme seule fonction de les rappeler où ils se trouvent. Je me suis mise à trembler inconsciemment et j'ai détourné le regard pour me concentrer sur les affaires que je devais donner aux surveillants à travers une petite fenêtre.

Une jeune fille était venue en même temps que moi et les surveillants devant la porte d'entrée l'ont reconnu. Elle devait être une habituée de la maison d'arrêt. Ils lui ont posé la question pourquoi elle était là, ils croyaient que son compagnon avait été libéré. C'était le cas, effectivement, mais il était incarcéré de nouveau, pour une autre affaire. Elle avait apporté un très grand sac, expliquant que son petit ami était un maniaque de propreté et avait besoin de beaucoup de vêtements pour chaque jour.

Deux surveillants ont pris mon sac, ils ont sorti toutes les affaires et se sont mis à les répertorier. Très scrupuleusement, ils notaient le nombre de T-shirts, de pantalons, de serviettes de bain, ils contrôlaient les livres pour s'assurer qu'il n'y avait rien entre les pages, ils scannaient les chaussures avec un petit détecteur de métaux manuel. Ils m'ont rendu trois caleçons et trois paires de chaussettes, car le nombre règlementaire était de sept. Ils m'ont également rendu une paire de baskets car les minuscules anneaux métalliques là où on passe les lacets ont sonné. Ils m'ont rendu deux livres, car le nombre règlementaire était de cinq, et les photos de famille, interdites car les détenus les utilisent pour tapisser la porte et couvrir l'œilleton. Je leur ai donné le nom de mon homme et son numéro d'écrou, puis j'ai signé la liste d'articles déposés et je me suis dirigée vers la sortie. J'ai déposé les photos de famille dans la boîte aux lettres à l'entrée de l'établissement, espérant qu'elles lui parviennent.

Seulement, je n'ai pas réussi à partir. Je suis restée immobile à côté de l'accueil familles à contempler l'établissement, en regardant vers le bâtiment D1 où K'mel était détenu. Il se trouvait à gauche de l'entrée principale, car Fleury était bâti en forme de pentagone avec cinq branches et le D1, qui était réservé aux condamnés dont la peine à exécuter était inférieure à un an, était le premier à gauche. Je l'imaginais à l'intérieur de sa cellule, avec son codétenu, probablement aussi effrayé que lui, à s'inquiéter pour son avenir. Je me demandais ce qu'il mangeait, ce qu'il faisait, s'il avait été placé avec un autre non-fumeur et s'il sera tenté de replonger dans son ancienne addiction. Il était si près, mais tellement loin de moi, il était à seulement quelques dizaines de mètres de l'endroit où j'étais, mais je ne pouvais pas le voir. J'étais comme hypnotisée devant le bâtiment, en évaluant les options. Et si je revenais dormir devant ses portes avec un sac à couchage, pour rester près de lui ? Et si je quittais mon emploi pour me convertir en surveillante pénitentiaire, afin de pouvoir le voir ? Et si l'administration pénitentiaire ne m'accorde pas le droit de visite, que vais-je faire ? Evidemment que je vais faire un recours hiérarchique et un recours contentieux si cela arrive. Cette peur au ventre lorsqu'on dépend du bon vouloir d'un fonctionnaire qui ne vous a jamais vu ni reçu, lorsqu'on est suspendu au-dessus d'un abysse, du néant, provoque un profond désespoir dans l'âme.

Notre relation va-t-elle changer lors de cette épreuve ? Va-t-il m'oublier ? Va-t-il trop changer ? Serai-je encore belle quand il sortira ? Pourrai-je encore lui faire des enfants ? Les pensées se mêlent dans mon esprit, les peurs envahissent mon esprit, mon corps se met à trembler alors qu'il ne fait même pas froid.

J'ai dû rester trois heures devant Fleury. Je me suis assise sur un banc devant l'accueil des familles et j'ai discuté avec trois autres femmes qui venaient tout juste de terminer la visite de leurs maris. Les trois m'ont donné l'impression d'en vouloir à leurs conjoints incarcérés, car ces derniers n'ont pas voulu écouter leurs conseils et arrêter de faire des bêtises. Je me suis rendu compte que chaque femme de détenu essaie d'influencer son mari pour devenir un homme meilleur, mais beaucoup ne parviennent pas car elles n'utilisent pas la bonne méthode. Au lieu de les guider en douceur et les laisser prendre leurs décisions tous seuls, elles font des chantages, des ultimatums, elles menacent, crient et maudissent, en évoquant leurs enfants comme un ultime rappel. L'une d'elles visitait un mari multirécidiviste, et les deux autres les hommes condamnés à des longues peines. L'un d'eux était condamné à sept ans de prison ferme et il a pu sortir en permission pour voir sa famille, mais il a décidé de ne pas revenir et une fois attrapé, il était obligé d'effectuer la totalité de sa peine. En les écoutant, j'ai eu des frissons, car j'ai senti qu'elles s'étaient résignées. Elles venaient aux parloirs, elles se faisaient belles dans les locaux réservés aux familles, elles venaient parfois avec leurs enfants, elles espéraient que leurs vies allaient changer lorsque leurs maris seront libérés, elles patientaient, suspendues à une décision de justice, à une signature d'un chef de bâtiment, à un avis d'une conseillère de probation et d'insertion. Comme toutes ces femmes qui patientent depuis la nuit des temps, pour que leurs maris reviennent de la chasse, d'une guerre, du service militaire, du travail, du café, du bar. Ces femmes qui doivent rester fortes pour survivre, ravaler leurs larmes et continuer à sourire à la vie comme si rien n'était. J'ai immédiatement ressenti un lien avec elles, car nous vivions la même histoire.

Elles restent aussi après leur parloir à discuter entre elles, pour se soutenir mutuellement. Elles donnent des conseils sur les procédures, sur les avocats, sur les parloirs, elles s'échangent des nouvelles qui viennent de la prison et qui ne sont pas rapportés par les médias.

« Un détenu a été frappé à mort pendant la promenade il y a un mois, vous avez entendu ? »

« Oui, je me souviens, j'étais au parloir ce jour-là, j'ai vu une voiture de police et une ambulance devant la prison. C'est horrible. A ce qui paraît, il devait de l'argent à d'autres détenus. »

Elles le racontent presque sans émotion, comme si c'était une chose banale. J'ai très peur pour K'mel, j'ai peur de la promenade, j'espère qu'il sera en sécurité. De retour à la maison, j'essaie de retrouver l'information sur l'internet, bien que j'aie peur de découvrir la vérité. Je trouve un article qui parle non pas d'un mort, mais de deux morts courant le même mois. Le 5 avril, un homme qui était incarcéré depuis deux mois était battu à mort par d'autres détenus, alors qu'il devait être libéré dans seulement deux jours. Le même article mentionnait un autre détenu de 21 ans, mort dans sa cellule le 8 avril, car il a fait un malaise et personne n'est venu le secourir.[9] Je me demandais ce qu'il fallait plus craindre, la

---

[9] Martine Bréson, *Fleury-Mérogis : deux enquêtes ouvertes après la*

violence des détenus ou la négligence de l'administration pénitentiaire. Je me demandais aussi si K'mel était au courant de ces décès et s'il s'inquiétait pour sa sécurité.

La semaine qui a suivi a apporté quelques nouvelles. Un soir, après le travail, j'ai reçu un appel d'un numéro de portable inconnu. C'était lui ! Oh, la joie ! Le bonheur ! Il avait une petite voix, il devait faire attention qu'un surveillant ne l'attrape pas en train d'utiliser le portable interdit en détention. Il m'a expliqué qu'il était au quartier des arrivants et qu'il devait attendre son affectation à une cellule définitive. Il allait bien, il pouvait manger correctement et laver son linge à la main, il m'a envoyé un courrier que j'allais recevoir prochainement. Lors de la fouille, on lui a retiré des vêtements interdits, ses vestes de jogging avec la capuche, son T-shirt de Miami avec une feuille de cannabis, son livre de poche avec des versets coraniques en version bilingue. Craignant le suicide, ils lui ont retiré ses lacets pour une nouvelle fois. Difficile de courir en promenade ou même de marcher avec des baskets sans lacets. Il a réussi à obtenir un portable de la part d'un détenu placé à l'étage supérieur qui le lui a descendu par le « yoyo », une corde faite de draps déchirés qui relie les cellules et permet de passer des objets entre les détenus. Il a vu un médecin, un psychologue et un conseiller pénitentiaire d'insertion et de probation. Il était placé en cellule avec un jeune homme condamné à une peine de quatre mois il y a plus de cinq ans, mais il s'est enfui à Londres, pensant que sa condamnation allait être prescrite après cette période. Il avait trouvé un travail à White City, le même quartier où nous nous étions installés, lors de notre passage à Londres ! Une fois les cinq ans passés, il a décidé de revenir à Paris pour voir son père malade et il a été arrêté à la douane, puis emmené en

<hr>

mort de deux prisonniers, France bleu, jeudi 19 avril 2018, https://www.francebleu.fr/infos/faits-divers-justice/fleury-merogis-deux-enquetes-ouvertes-apres-la-mort-de-deux-prisonniers-1524131157 détention sans même le revoir. Il ne savait pas que la prescription était passée à six ans. Par chance, ils lui ont ajouté seulement quatre mois à sa peine initiale. Comment ne pas en déduire que c'était un signe, un clin d'œil du destin qui voulait montrer à K'mel qu'il a bien fait de se rendre et qu'une fuite en Angleterre aurait seulement aggravé les choses ?

Il m'a dit qu'il m'aimait et qu'il ne voulait pas me perdre. Il m'a dit qu'à sa sortie, il voudrait m'épouser.

« Le samedi après-midi, je n'arrêtais pas de penser à toi. Tu avais envahi mon esprit. »

« C'est probablement parce que j'étais venue déposer un sac de linge et je suis restée devant le bâtiment D1 pendant plusieurs heures, incapable de repartir. »

« Je crois que j'ai senti ta présence. »

Nous sommes restés une demie heure au téléphone. Son appel m'a apaisé, j'ai senti que notre lien était préservé, j'ai ressenti une proximité avec lui. Il était à seulement 37 kilomètres de distance, il était à Fleury Mérogis, et pourtant, on dirait qu'il était dans la pièce à côté. Je lui ai dit que les demandes de permis de visite étaient déposées et qu'en attendant j'allais lui écrire pour lui remonter le moral. Je lui ai promis de ne jamais l'abandonner, de faire tout ce qui est dans mon pouvoir pour le libérer le plus vite possible, de tout sacrifier pour l'épauler, pour le soutenir. Je lui ai dit que j'étais fière de lui, fière de son courage car il est revenu purger sa peine, je me suis sentie confiante et apaisée qu'il ne risquait plus une arrestation musclée.

« J'avais oublié à quel point tu étais réconfortante », m'a-t-il dit, content d'avoir pu me parler. « Je dois rendre le téléphone maintenant. Bonne nuit et fais attention à toi. Nous avons déjà traversé tant d'épreuves ensemble, celle-ci est la dernière. La dernière ligne droite. Alors ne déprime pas, sois forte et ne te dégrades pas. »

Au milieu de la deuxième semaine d'incarcération, j'ai reçu sa première lettre, rédigée le soir du 7 mai et postée le 14 mai, une semaine plus tard. Il dit avoir vu le magistrat pour aller en détention le 7 mai vers 18h, puis ils ont été emmenés aux alentours de 20h dans un camion cellulaire « avec six cages à poules » puis fouillés à l'arrivée, entièrement nus. Je l'imagine dans ce camion et je me souviens du récit d'Antonin Bernanos, militant anarchiste et l'arrière-petit-fils de Georges Bernanos, incarcéré lui aussi à Fleury et libéré il y a seulement un mois. Voici comment il a décrit le trajet dans le fourgon cellulaire, volontairement inconfortable pour éviter les évasions : « Le conducteur accélérait soudainement et pilait à chaque feu rouge, appuyant ses virages en changeant de direction le plus brutalement possible. J'étais successivement projeté contre toutes les parois métalliques du box. Je posais un pied contre le petit banc en fer et je forçais sur mes jambes pour rester collé contre la façade, les deux coudes bloqués contre les deux côtés du placard. Je suais à grosses gouttes et je respirais très mal. Un des hommes enfermés se mit à vomir bruyamment et une odeur acide envahit le véhicule. Je profitais de ce moment d'accalmie pour essayer de m'assoir. J'étais parvenu à caler mes genoux contre une paroi, et assis, je maintenais ma tête entre mes mains pour éviter les secousses. Je me concentrais sur ma respiration le temps de reprendre mes esprits, respirant par la bouche à cause de l'odeur immonde qui avait envahie le fourgon. À l'intérieur des boxes, nous ne pouvions pas vraiment nous voir, si ce n'est qu'entrapercevoir des formes sombres à travers les vitres lorsqu'une lumière extérieure pénétrait dans le fourgon. Nous n'étions que des voix qui se répondaient faiblement, couvertes par les hurlements des sirènes qui résonnaient à travers les parois du camion. » À l'arrivée à Fleury, où l'attendaient des hommes en bleu avec les bras croisés et le regard froid, l'un des policiers du fourgon lui a lancé, « bienvenu chez toi, bâtard ». [10]

---

[10] Antonin Bernanos, *Témoignages : Dans le fourgon, direction Fleury*, Murs à part n°9, 29 mars 2017, https://www.prison-

J'imaginais mon homme enfermé dans cette cage à poules, avec son grand gabarit, empêché de faire le moindre mouvement. J'ai senti la tristesse envahir ma poitrine mais j'ai refusé de laisser les larmes arriver à mes yeux.

La première lettre d'un « primaire » ou d'un nouveau venu dans la prison est probablement la plus désespérée et la plus difficile à lire. Les premières impressions de la prison, les premières réflexions sur son parcours, la douleur de la séparation d'avec les siens, l'incertitude de son avenir, la douleur mêlée avec le désespoir. Par chance, mon homme est mentalement solide, très grand de taille et sûr de lui. Avec sa voix grave, son regard déterminé, ses épaules larges et sa façon de marcher comme si le monde lui appartenait, il suscite l'admiration dans son entourage. Sa première lettre n'est ni triste ni insupportable, son ton est habituel et il dresse un constat froid de sa situation.

« 7 mai 2018, 18h. J'ai vu le magistrat pour aller en détention, vers les alentours de 20h on nous a emmené, il faut monter dans le camion cellulaire, un camion avec six cages à poules, et c'est là que les galères commencent. A notre arrivée on a procédé à une fouille corporelle entièrement nus. Ici, tout s'achète. Ils m'ont tendu une plaquette de prix, cigarettes 8,75€, feuilles à rouler 2,50€, briquet 1€, télévision 16€ par mois, shampooing, culottes, rasoir... C'est totalement un business, je suis arrivé avec 450€, ils ont pris 80€ d'office pour les frais d'entrée – apparemment ils les rendent à la sortie, à voir... Ensuite ils nous ont affecté deux par deux dans une cellule s'appelant accueil, les douches et les toilettes sont dans la cellule, pour la première nuit la télé est gratuite. A mon arrivée j'ai acheté un stylo Bic à 0.80€ TTC, une bouilloire à 18,76€, du chicoré une boîte à 4.50€ et un bloc de

papier à 2,00€. Ils me font bien rire, ils nous disent qu'il y a des préservatifs à l'accueil, dans une prison où il y a que des mecs. Je ne sais pas si c'est psychologique, mais l'odeur est vraiment atroce, ça pue vraiment la prison. Je me rends compte que ça va être long, ils te jettent dans la cellule comme une bête et t'oublient, tu ne peux rien dire. Heureusement qu'il y a des co-cellulaires pour contrecarrer la solitude.

Je tiens à te dire que tu me manques déjà et que ce sera dur sans toi. Je n'arrête pas de penser aux coups et insultes que je t'ai dit à l'aéroport j'en suis désolé. Ici il n'y a rien à faire, j'en profiterai pour écrire, je t'écrirai tous les jours du fonds du cœur, j'ai le droit à un appel par jour, je t'appellerai un jour sur deux, l'autre pour ma mère. Je ne t'oublierai jamais, sache-le ! Je m'occuperai comme je peux, sport, écriture, je passerai le bac, travailler pour sortir plus tôt pour vous revoir plus vite, je n'ai rien à faire ici, cet endroit n'est pas pour moi et si j'ai choisi de faire ma peine c'est aussi par amour comme tu me l'as demandé, l'écriture est plus facile pour moi que la voix tu le sais je suppose, sache que je pense à toi à chaque instant <3 et je te décrirai chaque instant de ma peine, ça m'aidera à croire que tu es à côté de moi, bisous et prends soin de toi et de mes parents. »

Le détail qui fait le plus mal est la dernière phrase, où il dit qu'il termine la lettre en larmes.

L'obtention d'un numéro d'écrou a permis beaucoup d'autres démarches. J'ai réussi à contacter la responsable d'enseignement qui m'a promis d'organiser les épreuves pour que K'mel puisse passer son baccalauréat ES. Je lui ai scanné les convocations et elle m'a proposé de lui envoyer des livres de soutien scolaire par la poste, afin qu'elle puisse les transmettre à K'mel. Elle s'est même débrouillée de l'inscrire aux cours de soutien scolaire, pour qu'il puisse préparer son bac en détention pendant le temps qui lui reste jusqu'aux dates d'examens. Elle a réussi à lui obtenir une dispense pour l'épreuve sportive qui ne pouvait pas être organisée en détention, car il n'y avait pas de piscine. Elle m'a même donné son emploi de temps pour que je puisse réserver des parloirs en dehors de ses cours. Que demander de plus – j'étais touchée et très reconnaissante.

Le samedi suivant, je suis revenue à Fleury, après y avoir été dans mes pensées pendant toute la semaine de travail. J'ai apporté davantage de vêtements et de livres, je suis restée assise sur les bancs face à l'établissement pendant quelques heures, j'ai discuté avec quelques filles venues visiter leurs proches, qui avaient un permis de visite. Je regardais le bâtiment D1 comme hypnotisée et je me demandais s'il pouvait ressentir que j'étais là, comme la dernière fois.

J'ai rencontré une jeune femme qui venait au parloir pour la première fois et qui venait tout juste d'obtenir son permis de conduire. Elle a proposé de me déposer à Paris, ainsi que deux autres jeunes femmes, toutes venues au parloir. Nous avons toutes accepté, nous ressentions un lien entre nous car nous traversions toutes la même épreuve. Nous étions tellement contentes de pouvoir partager nos expériences et nous soutenir mutuellement. Chacune de nous avait besoin de parler de son bien aimé, de commenter la longueur de sa peine et de raconter ses démarches pour la libération. Cette conversation m'a vraiment soulagée.

Soudain, l'une d'elles m'a posé la question si je connaissais mon homme en dehors de la prison.

« Bien sûr, nous sommes ensemble depuis quatre ans. Je n'ai peut-être pas bien compris ta question. »

« C'est parce que beaucoup de filles visitent les hommes en prison qu'elles n'ont jamais rencontré avant qu'il soit incarcéré, d'où ma question. »

« Comment ont-elles fait, alors, pour rencontrer ces hommes, s'ils étaient déjà en prison ? »

« Par internet, par Facebook. Moi-même j'ai rencontré mon copain sur Facebook. »

« Tu veux dire que tu ne l'as jamais fréquenté avant qu'il soit emprisonné ? »

« Voilà. »

« Mais alors... Comment ça se fait ? »

« Eh bien, nous avons discuté sur Facebook, nous avons apprécié l'un l'autre, puis nous avons décidé de se mettre ensemble. »

« A sa sortie, vous pourrez être ensemble pour de vrai. C'est une très belle histoire d'amour. »

« Euh... c'est bien plus compliqué que ça. »

A ce qui paraît, beaucoup de femmes visitent des détenus qu'elles ont rencontrés sur les réseaux sociaux car elles cherchent à construire une relation de couple sans les obligations et les contraintes du quotidien. En faisant ainsi, elles ne vivent que le bon côté d'une relation, avec le jeu de la séduction, la délicieuse attente, sans avoir peur de l'infidélité. En réalité, ces femmes entrent dans ces relations à distance car elles veulent garder le pouvoir sur la relation et préserver leur liberté. Evidemment, dans une relation qui n'est en réalité qu'un jeu de pouvoir, l'homme n'est pas son égal et il la quitte dès que sa situation le lui permet, dès sa libération.

« Raconte-moi. »

« Quand j'ai demandé le permis de visite, il a été refusé. Mais je me suis obstinée et j'ai redemandé une deuxième fois, puis une troisième fois, j'estimais que j'avais le droit de le visiter puisque j'étais sa copine. L'administration pénitentiaire m'a refusé le permis de visite à trois reprises. Puis j'ai appelé au téléphone pour demander leur motif et j'ai expliqué que j'étais sa copine. Ils m'ont répondu que je n'étais pas la seule. J'aurais dû tilter. Mais bien sûr, j'étais stupide et j'ai voulu forcer le destin. Finalement, ma quatrième demande de permis de visite a été acceptée. J'étais folle de joie. Je l'aimais tellement, je me déplaçais en train à l'autre bout de la France pour le visiter lorsqu'il a été transféré, je dépensais 150€ en frais de transport à chaque fois j'allais le voir. J'avais énormément du mal à m'organiser car j'ai trois enfants qu'il fallait faire garder, mais j'y arrivais par amour pour lui. Ils l'ont transféré dans une prison au sud de la France, très difficile d'accès et mal desservie par les transports, il fallait réserver une chambre d'hôtel pour pouvoir venir à l'heure au parloir. Mais j'ai tout supporté car je l'aimais. Il ne m'a jamais proposé de participer aux frais de trajet, il avait beaucoup de secrets... »

« Quels secrets ? »

« Par exemple, il ne voulait pas que je vienne à son audience au tribunal, il a dit qu'il voulait m'épargner cette épreuve. Il n'arrêtait pas de me rassurer que tout allait bien se passer, qu'il allait sortir très bientôt, que son avocat se chargeait de le faire libérer en moins d'un an... Quand en réalité, il a pris douze ans ferme pour un braquage... »

« Que s'est-il passé avec les autres filles qu'il fréquentait ? »

« J'ai appris par la suite qu'il avait une femme et qu'il avait deux enfants avec elle, mais il disait qu'ils n'étaient plus ensemble, qu'ils étaient en instance de divorce, que j'étais la femme qu'il aimait. Comme j'étais naïve. J'ai appris aussi qu'elle le visitait régulièrement, qu'elle venait au parloir, qu'ils n'étaient pas du tout séparés. Il me disait qu'elle venait pour qu'il puisse voir leurs enfants. Et je l'ai cru, mais je le regrette maintenant... »

« Il a peut-être dit la vérité... »

« Non, il me mentait, car j'ai appris qu'il avait une autre copine à part moi et sa femme, une autre fille qui venait le visiter et il lui a fait un enfant au parloir ! »

« Au parloir ? »

« Oui, ils faisaient l'amour au parloir ! »

J'étais abasourdie.

« Donc je l'ai quitté et je ne voulais plus entendre parler de lui ! C'en était trop ! »

« Mais alors... pourquoi tu viens le visiter à Fleury si vous avez rompu ? »

« Ah, non... je ne viens pas pour lui, je viens visiter mon frère. »

4.

Toute correspondance envoyée aux détenus et par les détenus est contrôlée et lue par l'administration pénitentiaire, si bien que je me sentie obligée d'ajouter une petite dédicace à la fin de ma première lettre à K'mel, pour remercier les surveillants qui la liront car ils la lui transmettront.

Seulement, ces contrôles entraînent les retards dans la distribution des courriers. La deuxième lettre de K'mel, rédigée le 8 mai, le deuxième jour de son incarcération, a été postée le 15 mai. Une semaine d'attente pour envoyer un courrier, cela signifie que les nouvelles ne le sont déjà plus, qu'il s'est passé beaucoup de choses depuis qu'il a rédigé ces mots. La prison vous apprend à relativiser le temps, à comprendre qu'il n'est qu'une notion relative et imprécise, même inexistante. Saint Augustin a expliqué que chaque instant, même minime, peut être divisé en passé et en futur, ce qui signifie que le présent n'existe pas. Une peine de prison, c'est une mise entre parenthèses de votre vie, non seulement celle du détenu mais aussi de tous ses proches, car le temps s'arrête tout simplement et ne veut pas passer. Le détenu s'ennuie, ses proches souffrent. En anglais, il existe une expression imagée pour une peine de prison, *doing time*, qui se traduit par 'faire son temps.'

Dans sa deuxième lettre de huit pages, K'mel a décrit son quotidien dans le quartier des arrivants, ses conditions de détention, sa perte d'appétit, son ennui. Il m'a fait un dessin de sa cellule, pour que je me rende compte comment il vit. La douche est très sale, l'eau est brûlante et il faut appuyer longuement sur un bouton pour qu'elle continue à couler, les surveillants lui ont rendu un seul lacet et ont perdu le deuxième, il me supplie de lui apporter une paire de lacets dès que j'ai la possibilité. Il tourne en rond, il se lève, il s'allonge, il se relève, il compte tous les coins de la petite pièce d'onze mètres carrés qu'il partage avec son codétenu. Il a le droit à une promenade d'une heure et demie, dans une petite cour où s'entasse une cinquantaine de détenus de toutes origines. En discutant avec eux, il rencontre un Albanais qui a pris quatre mois pour escroquerie, puis un Algérien qui a pris autant pour vol, et se rend compte qu'il est le seul qui a pris une si longue peine.

Il s'excuse d'avoir passé aussi peu de temps avec moi, car il devait toujours partir rejoindre sa famille, à chaque fois je le priais de rester plus longtemps avec moi. Il regrette de ne pas m'avoir écouté, il regrette d'avoir pensé qu'on aura tout le temps pour nous, qu'on se verra toujours. La vie d'un détenu est remplie de regrets.

Puis cette phrase terrible, pleine de cynisme mais aussi de lucidité. *« Un an, c'est trop long, le temps ne passe pas. Toi qui voulais que le temps s'arrête, ben voilà c'est fait. »*

Alors je lui écris presque tous les jours, patiemment, frénétiquement, même lorsque je n'ai plus rien à dire. Même épuisée après une longue journée de travail, je lui écris quelques pages, pour lui remonter le moral, pour l'aider à tenir le coup. Parfois, j'exprime ma tristesse car nous sommes séparés, puis je déchire le papier et recommence une nouvelle lettre, pour ne pas l'inquiéter, pour m'efforcer à adopter un ton jovial, rassurant. Je m'interdis d'utiliser des mots du monde carcéral tels que la cellule, la gamelle, la détention. Je préfère des mots comme la chambre, le repas, le stage de formation. Les mots gamelle et promenade sont utilisés pour les chiens et ce vocabulaire ne devrait pas être utilisé pour les détenus qui sont les hommes. Alors je m'efforce de me convaincre moi-même qu'il est en stage de formation pour préparer son baccalauréat, qu'il est logé dans une chambre individuelle et que le personnel lui apporte ses repas et lui change ses draps. Je m'efforce de lui inculquer ces idées lorsque je lui écris, pour l'aider à voir les choses du côté positif, pour profiter au maximum de cette parenthèse dans sa vie, pour préparer ses examens et ressortir encore plus fort. Je ne sais pas si mon stratagème fonctionne mais je fais ce pari, ne serait-ce que pour me remonter le moral à moi-même.

Deux semaines et demi après l'envoi des dossiers, les parents de K'mel et son grand frère ont obtenu leur droit de visite. Son neveu et moi n'avons reçu aucune réponse.

Plus que jamais, je me suis sentie illégitime, exclue de sa famille, considérée comme telle par l'administration et le reste de la société. Moi qui étais sa confidente, bien plus que ses parents qui ne connaissaient pas les détails de ses problèmes avec la justice, bien plus que son frère désormais marié et père de trois enfants, qui n'avait plus autant de temps à lui consacrer qu'avant. Et pourtant, ils partageaient son nom de famille et avaient davantage de droits pour être présents dans sa vie que moi, l'élue de son cœur, que sa mère présentait comme « une voisine » lorsque je croisais d'autres membres de leur famille nombreuse. Je n'étais pas légitime à leurs yeux, même si K'mel m'avait laissé le pouvoir de gérer ses affaires en son absence, la procuration sur ses comptes bancaires, les codes d'accès à ses mails et à tous ses comptes sur les réseaux sociaux.

L'administration pénitentiaire m'a répondu que je n'étais pas considérée comme membre de sa famille et qu'ils devaient effectuer une enquête de bonne moralité avant de m'accorder le droit de visite. En clair, ils allaient fouiller mon passé et consulter mes antécédents judiciaires, car l'extrait de casier judiciaire vierge que je leur ai fourni ne suffisait pas pour me laisser visiter un détenu. Ils devaient consulter les fichiers de la police nationale pour vérifier que je n'avais aucun lien avec les affaires judiciaires de mon homme, que je n'étais pas sa complice, que j'étais sans danger. Il fallait patienter encore une semaine à dix jours avant d'obtenir la réponse et qu'il existait des voies de recours si elle était défavorable. Quant à son neveu, il fallait non seulement qu'il fasse parvenir un extrait de casier judiciaire, mais aussi les preuves de filiation, pour obtenir son permis.

Conscients qu'ils ne pouvaient rien faire pour leur fils, les parents de K'mel sont partis en Tunisie d'où ils étaient originaires, en attendant d'obtenir le droit de visite et leur premier parloir. Une fois le permis obtenu, le grand frère Nasser a appelé Fleury et obtenu un parloir pour le 12 juin à 9h20, le jour où K'mel devait passer ses examens de bac blanc, car c'était le premier créneau horaire disponible. Les parents ont réservé leur billet de retour en fonction de leur premier parloir. C'était donc plus d'un mois après le début de l'incarcération, alors que nous avions envoyé les demandes de permis de visite dès l'obtention du numéro d'écrou et pris le premier rendez-vous disponible une fois le permis accordé. Le monde pouvait s'écrouler en attendant, mais nous n'avions aucun moyen de le joindre pendant ce délai.

Le samedi prochain, le troisième samedi depuis le début de l'incarcération, je me suis présentée à l'accueil de la maison d'arrêt pour déposer un sac de linge et un dernier livre pour préparer un examen du bac. C'était la méthode *Assimil* de la langue arabe, car mon homme ne savait pas écrire cette langue, même s'il pouvait parler le dialecte tunisien. Il était persuadé que l'examen consistait uniquement d'une épreuve orale, mais j'avais du mal à imaginer une telle option et j'ai préféré lui apporter un livre pour qu'il puisse au moins apprendre l'écriture. Je lui ai également apporté une paire de lacets, pour qu'il puisse attacher ses baskets et courir en promenade. J'étais très contente de pouvoir y aller, même sans le voir, car j'avais besoin de sentir sa proximité, même si les murs et les barbelés nous séparaient.

Une fois toutes les fouilles effectuées et tous les portiques de sécurités franchis, je me suis présentée à l'accueil où ceux qui n'avaient pas le droit de visite devaient déposer les sacs de linge. En attendant mon tour, je regardais jalousement ceux qui rentraient de la rotonde, qui sortaient de leur parloir, ceux qui avaient obtenu leur droit de visite, chose qui n'était pas du tout certaine pour moi. La surveillante à l'accueil a contrôlé ma pièce d'identité et vérifié le numéro d'écrou, puis elle m'a tendu le sac de linge en me disant qu'il y avait un problème.

« Vous ne pouvez plus déposer le linge pour ce détenu car les permis de visite ont été accordés à sa famille. Vous devez donc passer par sa famille pour lui déposer le linge et ils peuvent l'apporter uniquement pendant le parloir. »

« Nous sommes le 26 mai et leur premier parloir est prévu dans plus de deux semaines... Il n'a plus de linge propre, il n'a pas de lacets... Et surtout, il a des épreuves de baccalauréat à passer en juin, il doit réviser... D'ici là, ce sera trop tard... »

« Je suis vraiment désolée pour vous, mais nous devons respecter les procédures. »

J'ai repris le sac de linge et je me suis éloignée en sanglotant, impuissante et humiliée. Je voulais absolument qu'il passe son baccalauréat, car l'obtention d'un diplôme en détention permet de réduire la peine de trois mois supplémentaires. Je voulais qu'on s'accroche au moindre espoir, au moindre détail qui pourrait pencher en sa faveur, au moindre argument qui pourrait servir face au juge d'application des peines. Mais là, on ne voulait pas m'aider.

Le soir, j'ai appelé son grand frère Nasser pour lui expliquer que je ne pouvais plus déposer du linge à Fleury et qu'il fallait qu'il y aille à ma place. Il m'a dit de lui apporter le sac le soir, au domicile de leur mère, en promettant qu'il passerait dès qu'il pourrait. Nous avons décidé de ne pas dire au reste de la famille que K'mel a été incarcéré, afin de protéger la réputation de ses parents et éviter que les rumeurs se répandent en Tunisie, dans leur ville natale. Parmi ses six grands frères, seulement deux étaient au courant, Nasser et Walid, le premier car il était proche avec K'mel, et le dernier car il vivait au domicile de leurs parents suite à son divorce. Nous n'avions pas d'autre choix que de le lui annoncer. En revanche, nous avons gardé le secret devant les belles sœurs et leurs enfants, par crainte de ragots. Nous avons demandé à

K'mel d'envoyer les courriers à Nasser au domicile de leur mère, pour éviter que sa femme apprenne la vérité.

En arrivant chez eux, j'ai trouvé Nasser en compagnie de Walid, en train de regarder les infos à la télé. La lumière était faible, ils parlaient peu, on dirait qu'on assistait à un enterrement. Je demande des nouvelles de leurs parents, je leur raconte l'appel de K'mel et leur dit qu'il va bien. Je leur demande encore une fois de garder les secrets, de ne pas ébruiter cette incarcération, ne serait-ce que pour protéger la réputation de leurs parents. Puis je demande à Nasser s'il était possible de modifier l'heure du parloir car K'mel doit passer des examens blancs pour son bac. Il a envie de réussir ses épreuves, car les études l'aideront à tenir le coup et raccourciront sa peine de trois mois s'il arrive à obtenir son diplôme. Il me répond que c'est impossible de modifier la date, qu'il a pris la plus rapprochée car ses parents lui ont donné un ordre qu'il a tout simplement exécuté.

« Tu sais, » me dit Walid, « le parloir est un moment très important pour un détenu. Il va se préparer pour ce moment, il va se raser, habiller ses meilleurs vêtements, ça lui apportera beaucoup de soutien. Sa plus grande hantise, c'est le parloir fantôme, lorsqu'il s'attend à recevoir une visite et elle ne vient pas. Il s'inquiète pour les siens et ne peut pas les appeler pour vérifier que tout va bien. Le fait de voir ses parents est beaucoup plus important que de faire ses études. Et puis, tu connais K'mel aussi bien que moi... Entre nous, tu sais très bien qu'il ne va jamais décrocher ce diplôme. »

Ces paroles sont tellement violentes que j'ai le sentiment qu'elles m'arrachent l'estomac, elles me poignardent dans le cœur, surtout venant de son grand frère. Qu'est-ce qui lui permet de croire que K'mel est incapable de décrocher son baccalauréat ?

« Il faut absolument qu'il décroche son baccalauréat, » j'ai continué à marteler. « Non seulement que l'obtention de ce diplôme réduira sa peine de trois mois, mais aussi elle lui ouvrira les portes d'emploi et de réinsertion professionnelle... »

Les larmes coulaient sur mes joues alors que je lui parlais. J'avais mal au ventre, tellement je me suis sentie seule dans ma souffrance. Ne pouvait-il pas comprendre mes arguments ?

« Calme toi, il vaut mieux pour toi, » m'a-t-il répondu avec fermeté. « Très bien, ton mec est en prison, il te manque, mais tu n'es pas la première ni la dernière à qui cela arrive. Tu t'en sortiras, pas la peine de dramatiser. »

Je m'attendais à recevoir plus de soutien de la part des frères de K'mel, mais ils sont restés imperturbables, insensibles à ma douleur. Walid a clairement dit qu'il fallait s'habituer à une longue séparation qui allait durer au moins un an, mais que ça allait passer. J'ai regretté d'avoir montré un signe de faiblesse devant lui, car j'avais l'impression qu'il s'en moquait. Nasser a mis fin à la discussion en disant que nous avions tous le même objectif, celui de soutenir K'mel, et qu'il fallait oublier tout le reste. En réalité, les deux frères étaient aussi touchés que moi par l'incarcération de leur petit dernier, mais ils étaient des hommes durs, pas trop expressifs et ne comprenaient pas mon besoin d'exprimer ouvertement mes émotions.

Dès que K'mel a été incarcéré, Walid a récupéré sa chambre, la plus grande dans l'appartement familial, et vidé les armoires de ses affaires. J'ai eu mal au cœur, même si cette décision était compréhensible ; la famille n'allait tout de même pas garder une chambre vide pendant une longue période, au prix de son confort.

Dans les prochains mois, j'allais me rendre compte qu'un seul des grands frères de K'mel restera de ses côtés pendant son incarcération. Dans un premier temps, nous avons dit à tout le monde que K'mel était parti travailler à Londres en tant que réceptionniste dans une auberge de jeunesse, mais aucun des grands frères n'a cherché à le contacter par Facebook, WhatsApp ou Viber pour prendre des nouvelles. Au bout de quelque temps, Walid a raconté à tout le monde que K'mel était incarcéré, sans que cela suscite la moindre émotion. Au fil des mois, Walid a fini par demander un permis de visite, mais les cinq autres frères n'ont pas fait le même effort et n'ont même pas cherché à obtenir son adresse pour lui envoyer un courrier.

Je me suis souvenue d'un habitant de notre quartier qui est parti en prison pour une période de deux ans et qui se demandait si les gens l'avaient cherché pendant son incarcération. Lorsqu'il a été libéré, il a rallumé son portable pour voir et il a découvert seulement deux appels en absence en deux ans.

De mon côté, je me suis abstenue de dire à mon entourage que mon homme était incarcéré. Je l'ai avoué seulement à ma mère, mais pas à ma sœur ou à ma meilleure amie, encore moins à mes collègues de travail.

J'ai ressenti l'immense solitude de la femme de détenu, partagée par plus de soixante-dix mille mères de détenus français et probablement autant d'épouses, de fiancées et de petites amies, qui n'ont personne à qui parler. Comme l'a dit une femme de détenu incarcéré pour une longue peine, c'est « le néant total, vous vous retrouvez seule, la famille partie en fumée, les amis inexistants, quand vous avez le malheur de leur parler, ils vous font bien comprendre que dorénavant vous n'êtes qu'une femme de détenu... Femme de détenu, voilà désormais notre nouveau grade au sein de la société... On vous traite avec dédain, on vous méprise, on ne sait pas le crime qu'a fait votre mari mais ce n'est pas grave, on le considère comme tueur en série au plus haut degré. Une vie faite de rires et de pleurs, surtout de pleurs : nous savons, NOUS, femmes de détenu, que les larmes sont inépuisables. SOLITUDE, ça c'est notre quotidien, notre solitude nous pèse, personne ne le comprend et personne ne le partage... Nous le vivons seules et nous ne le partageons pas. D'ailleurs quelle est la personne qui voudrait le partager ? »[11]

Lorsque le premier parloir est arrivé pour Nasser et ses parents, ils ont oublié de lui apporter le livre pour le baccalauréat. Mon cœur allait exploser.

Incapable de le visiter, je compensais en contactant l'administration pénitentiaire et en écrivant à ses professeurs, pour me renseigner sur ses activités. Je me cachais dans les couloirs pour téléphoner car leurs horaires de travail étaient comme les miens, il m'était impossible de les appeler tôt le matin ou dans la soirée. Je devais appeler le service des permis de visites, disponible uniquement entre dix heures du matin et midi, pour demander si ma demande de parloir était acceptée. Ce sont des créneaux horaires où il y a toujours des réunions avec les managers, je prétexte le besoin d'aller aux toilettes quand en réalité je dois écouter la musique interminable en attendant qu'on me réponde. Une fois en ligne, je suis mise en attente, j'entends des conversations du personnel pénitentiaire pendant que je patiente, « encore un fourgon des nouveaux arrivants ? mais on ne va jamais s'en sortir ! », puis on me reprend et on me dit qu'il faut renouveler mon appel car le permis n'est pas encore prêt.

Mes collègues ont dû remarquer que quelque chose n'allait pas, ou entendre une conversation téléphonique sans faire exprès, puisqu'une fille m'a posé la question comment je fais pour être toujours d'humeur égale et ne jamais craquer. Je lui ai répondu qu'il fallait être fort pour vivre dans la société moderne, qu'à la moindre faiblesse on est dépassés et éliminés. Il fallait aussi être insolent, ne pas se laisser impressionner par la flatterie, toujours rester sur ses gardes.

---

[11] Marc Renneville, *Femme d'un prisonnier en centre de détention, Emmanuelle Delouvée témoigne*, 8 février 2012, https://criminocorpus.hypotheses.org/4431

Je me rends compte qu'à cette époque je devais donner l'image d'un être cruel et impassible, presqu'infréquentable.

Le danger n'était pas seulement dans le fait de laisser les autres s'apitoyer sur mon sort. Un autre danger bien réel était celui de perdre son emploi, accessible uniquement aux cadres au casier judiciaire vierge, qui ne fréquentent pas les délinquants et ne les choisissent pas comme compagnons de vie. Il fallait se montrer extrêmement prudente, peser ses mots, inventer des évènements pour raconter ce qu'on a fait le week-end, trouver des sujets pour les pauses café qui ne seront pas sur un terrain miné.

Le problème, c'est que la plupart du temps, mes pensées sont ailleurs. Mon esprit est emprisonné à Fleury Mérogis, même si mon corps est dehors. Un évènement tout à fait exceptionnel m'a rappelé l'ampleur de mon aliénation. Au bureau en face du mien travaille un Chinois qui s'appelle Shaodan et qui travaille comme directeur des opérations, ou quelque chose de ce genre. Tous les six mois, il change de pays et il n'est pas là très souvent. Je n'ai jamais encore déjeuné ou pris un café avec lui car il est assez discret et ne travaille pas sur les mêmes dossiers que moi, même s'il est assis juste en face. Une séparation en bois sépare nos deux ordinateurs et je vois le bout de sa tête sans me relever. Lorsqu'il est là, on échange un sourire et on se dit bonjour, puis ça s'arrête là. Il y a une semaine, il était à Londres et il avait un problème avec son ordinateur, alors il a appelé le service informatique pour qu'on le dépanne. Seulement, ils ont mis trop de temps pour traiter sa demande et lui ont envoyé un technicien alors qu'il était déjà revenu à Paris. Alors l'informaticien de notre étage est venu me voir et m'a posé la question si j'avais vu Shaodan. Je lui ai répondu que je ne savais pas de qui il parlait. « Mais si, tu connais Shaodan, le Chinois qui travaille à ton étage... » Je lui ai répondu que je n'avais jamais vu un seul Chinois dans mon open space. C'était tout simplement effacé de ma mémoire. Un peu plus tard dans la même journée, Shaodan est venu à son bureau, accompagné dudit informaticien, et tous les deux m'ont salué. Je me suis rendue compte que non seulement il travaillait dans mon open space, mais aussi qu'il était assis *juste devant moi*. Comment diable ai-je pu rater un truc aussi gros ? Il fallait vraiment que je me ressaisisse...

Un après-midi du début du mois de juin, alors que je suis en réunion avec le client, je reçois quelques textos de Walid, le grand frère de K'mel.

« Salam comment tu vas ? Je voulais te demander s'il te plaît, K'mel avait bien la gratuité dans les transports ? Il ne payait pas son passe Navigo ? »

« Salam, oui il me l'a laissé. Si tu reçois des amendes, donne-les-moi pour les contester. »

« Non, ce n'est pas pour ça. »

« Pourquoi ? »

« Je voulais savoir si tu avais une attestation de tarif solidarité transports au nom de K'mel, c'est pour prendre un abonnement vélib' à -50%. »

« Je ne l'ai pas, et puis c'est nominatif, je ne pourrais pas faire un truc pareil. Normalement ça ne se demande pas. »

« Arrête s'il te plaît. C'est pour un vélib', ce n'est pas un document officiel. »

« C'est une usurpation d'identité. »

« Hé, c'est moi ! Enfin bref, ce n'est pas grave. »

« Ça marche, bon après-midi. »

Je suis tellement ennuyée que je commence à bégayer en réunion, incapable de me souvenir du sujet de la conversation. Comment puis-je donner un document au nom de K'mel à son frère, sans les exposer tous les deux aux risques de se faire prendre ? Comment refuser avec politesse et ne pas le blesser ?

J'ai envie de le recontacter pour accepter sa demande, mais j'ai tellement peur pour K'mel ; finalement je chasse ces pensées négatives et tente de me concentrer.

Je dois me ressaisir, je suis dans un open space à la Défense, avec le client en ligne, avec personne à qui parler en toute confidentialité, je dois continuer comme si de rien n'était. Mon homme est en prison. En ce moment même, il regarde le plafond, il rêve de revoir ses parents, il a envie de moi, mais il ne peut pas se téléporter pour venir nous voir. Il doit manger des pâtes au thon, le plat classique des gardes à vue, ou d'autres variations du même thème. Il doit fréquenter des gens infréquentables pendant la promenade. Il doit avoir froid. Il doit déprimer tout comme moi. Je me demande s'il lui arrive de pleurer.

Je me fais une violence pour ne pas craquer et je me transforme en un roc, j'ai désormais un cœur de pierre. Au-dessous de ma veste de tailleur, je porte un T-shirt Ünkut du rappeur Booba que j'ai acheté à son dernier concert. Je ferme mes yeux et j'entends ses paroles dans les oreilles : « Ne bouge pas, ne craque pas, ne doute pas, ne parle pas, ne plie pas, ne pars pas, ne lâche pas... »[12]

Le soir, K'mel a réussi à me joindre de nouveau. Quelqu'un lui a passé un téléphone portable par le yoyo et j'ai pu avoir quelques nouvelles. Il avait bien reçu les livres pour préparer ses épreuves du bac et il m'a rassuré qu'il allait bien. Je lui ai dit que j'avais peur pour sa sécurité lors de la promenade. Il m'a dit de ne pas m'inquiéter, car les détenus respectent un code très particulier selon lequel la nature de leur condamnation leur donne un certain statut au sein de la prison. Les braqueurs jouissent d'un grand prestige car ils suscitent l'admiration des autres détenus, pendant que les violeurs et les pédophiles ne descendent jamais en promenade car ils risquent de perdre la vie. Les meurtriers, eux, sont

---

[12] Booba, *Ma couleur*, album Lunatic, 2010.

tenus à l'écart des autres, on leur donne parfois des cigarettes mais on ne tisse pas des liens avec eux. Lorsque K'mel a dit à un jeune détenu qu'il est tombé pour un vol à la main armée, ce dernier l'a regardé avec tellement d'admiration qu'il s'est senti obligé d'ajouter qu'il n'était pas fier de son acte et qu'il le regrette profondément.

« Il y a une autre chose que je regrette, » m'a-t-il avoué. « Le premier jour, on m'a passé un joint et je l'ai fumé, j'étais tellement désorienté que j'en avais besoin. Mais il n'avait pas le même goût qu'avant. J'étais dégoûté car j'ai succombé à la tentation si facilement, après avoir passé une année entière sans fumer, après avoir déménagé à Londres pour me séparer de mon entourage, après avoir fait tant d'efforts... Je les voyais, ces autres détenus, derrière leur nuage de fumée, constamment en train de s'humilier pour obtenir du shit, je les voyais parfois ramasser des mégots en promenade. Je vaux mieux que ça, il faut que je sois fort. »

J'ai tenté de le rassurer tant bien que mal qu'un joint n'était pas un problème s'il ne continue pas, mais il n'écoutait pas, tellement il était déçu de lui-même, étonné par sa propre faiblesse, envahi de remords. Il ne m'a pas promis de ne plus jamais fumer, il l'a plutôt promis à lui-même, ce qui était encore plus fort.

Et puis, un matin, j'ai réussi à obtenir une réponse positive à ma demande de permis de visite. Ça faisait déjà un mois que K'mel était incarcéré. De mémoire, c'était un mercredi ou un jeudi matin, il fallait juste patienter encore un jour pour que la fiche soit envoyée à l'accueil de l'établissement. Alors je suis sortie du bureau dans l'après-midi et j'ai trouvé une salle de réunion vide pour pouvoir prendre le rendez-vous pour mon premier parloir.

Au bout de quelques minutes d'attente j'ai eu quelqu'un en ligne qui m'a dit que la seule place disponible dans les deux prochaines semaines était un matin de la semaine à huit heures. Incrédule, j'ai demandé comment faire pour obtenir un rendez-vous le samedi, si je travaille toute la semaine. Puis-je vous envoyer une lettre recommandée ? Il m'a répondu que les rendez-vous doivent être pris deux semaines en avance et que les parloirs du samedi se réservent le vendredi matin, à partir de 7h, deux semaines et un jour en avance. Il faut appeler dès sept heures du matin car les places sont limitées, une petite quarantaine par série. A raison de trois séries samedi après-midi, il y a donc seulement 120 parloirs disponibles pour tout le bâtiment D1 qui compte un peu moins de 850 personnes. Théoriquement, les détenus ont droit à trois visites hebdomadaires, mais elles sont mathématiquement impossibles. Si toutes les familles appellent pour visiter leur proche un samedi après-midi, je n'aurais donc qu'une chance sur sept pour obtenir un rendez-vous.

« En combien de temps les parloirs sont-ils tous pris quand on appelle le vendredi matin pour un parloir de samedi ? »

« Ça part très vite... A huit heures il n'y a déjà plus de place. »

En entendant ces propos, j'ai eu très peur. Comment faire ? Réserver les parloirs selon disponibilité puis demander des jours de congé au travail ? Démissionner pour pouvoir visiter trois fois par semaine ? Il faudra tout faire pour obtenir un rendez-vous le samedi après-midi, c'était la seule option envisageable.

Le premier vendredi qui est arrivé, je me suis réveillée avant sept heures pour me préparer psychologiquement. J'ai noté les dates, les horaires des séries et le numéro d'écrou. Il y avait deux numéros possibles, un numéro direct et un numéro de standard avec des choix multiples. Pour réserver un parloir depuis le standard, il fallait faire le choix 4 pour la prise des rendez-vous, le choix 3 pour réserver un parloir et le choix 1 pour la maison d'arrêt hommes. Pour m'assurer d'obtenir quelqu'un en ligne, j'ai pris le téléphone fixe et deux téléphones portables pour appeler en même temps et maximiser mes chances. J'ai tout de suite compris que même en prenant toutes ces précautions, ce ne sera pas une chose aisée.

Heureusement que les rendez-vous pouvaient être pris dès sept heures du matin, car je n'avais pas envie de m'absenter de mon bureau pour appeler dans un couloir er risquer qu'on m'entende.

Lorsque les lignes sont encombrées, il faut attendre plusieurs minutes avant de faire le prochain choix. Pour les trois choix qu'il faut faire pour obtenir la maison d'arrêt des hommes en appelant du standard, il faut une dizaine de minutes. Une fois vous arrivez au bout, vous aurez parfois un répondeur, parfois une messagerie vocale qui vous invite à renouveler votre appel cat toutes les lignes sont occupées. Ce n'est qu'à la troisième tentative que vous aurez une personne qui décroche et qui vous demande le numéro d'écrou de la personne que vous souhaitez visiter. Il y a aussi un numéro direct pour la maison d'arrêt des hommes, mais le plus souvent, les lignes sont tellement encombrées qu'un répondeur vous dit que le numéro est inexistant. Alors j'appelle le standard avec le téléphone fixe et un portable, puis le numéro direct de la maison d'arrêt pour hommes avec le deuxième portable, posé devant moi et sur le microphone. Alors que j'attends que l'automate me propose le prochain choix, une musique se déclenche, c'est du piano qui joue une octave aigue. Cette musique m'insupporte au petit matin, car je l'écoute depuis les trois téléphones, mal réveillée et avant d'avoir pris le café. La tonalité aiguë ne s'enclenche pas au même moment depuis les trois téléphones, chacun joue la musique à un autre moment, les notes s'entrechoquent, elles me cognent, elles me font mal au crâne. Je ne savais pas que la musique classique pouvait être aussi irritante, comment j'ai fait pour ne pas le remarquer pendant toutes ces années de mon enfance que j'ai passées en train de jouer du piano !

Finalement j'obtiens mon premier rendez-vous pour le 23 juin, je réserve le dernier parloir de la journée pour avoir du temps de m'organiser et venir. Je me souviens encore de l'un des samedis précédents où je suis allée déposer un sac de linge à l'accueil, il y avait une grève de transports et il m'a fallu plus de huit heures pour faire un aller-retour depuis le dix-neuvième arrondissement de Paris jusqu'à Fleury Mérogis. J'avais la hantise de venir en retard, de rater l'heure de rendez-vous et de lui infliger un parloir fantôme.

5.

Une fois ils ont découvert que les parloirs n'étaient pas nominatifs, la mère de K'mel et son frère Nasser ont décidé de venir avec moi. J'ai clairement dit à ma future belle-mère que chaque détenu avant droit à trois visites hebdomadaires et que je prenais les samedis pour moi, car je ne pouvais pas venir pendant la semaine de travail. Libre à elle de s'organiser avec ses fils pour venir dans la semaine quand elle le souhaite. Mais elle m'a répondu qu'elle pouvait venir au parloir uniquement le samedi, car tous ses fils travaillent et aucun ne peut se libérer pour l'accompagner. Il était exclu qu'elle vienne seule car elle avait des difficultés pour marcher à cause de ses problèmes de santé. Je lui ai dit alors que nous pouvions aller ensemble de temps en temps, mais pas chaque semaine. « Je sais que vous voulez vous voir seuls juste pour dire 'mon chéri, bisous' » m'a-t-elle dit, sans la moindre gêne à se mêler ainsi de notre intimité. Que dire ?

C'est très dur pour une femme en couple de partager les visites avec la belle-mère et les frères de son fiancé. J'ai alors demandé à K'mel de lui demander explicitement de me laisser venir seule. Je ne voulais pas trop insister car je ne voulais pas lui causer des ennuis supplémentaires, mais il a finalement cédé à ma demande. Nous allions avoir notre parloir tous seuls, l'un des samedis prochains.

La mère de K'mel est une femme à la santé fragile et s'attend à ce que son plus jeune fils reste vivre avec elle, même lorsqu'il sera marié, puisque tous les autres ont déjà quitté le nid familial. Les plus grands ont déjà tous fondés leurs propres familles et n'arrivent même pas emmener leurs parents chez le médecin, alors elle doit prendre un taxi remboursé par la sécurité sociale quand elle accompagne son mari à l'hôpital. De toute la fratrie, K'mel est le seul qui parle couramment anglais, le seul qui voyage régulièrement à l'étranger, le seul qui rêve de vivre à Londres ou aux Etats-Unis. Or, même si K'mel est trop indépendant, libre et fort de caractère, il est censé être là pour ses parents et il lui était presqu'impensable de déménager, trouver son propre appartement ou prendre son indépendance. Le départ en prison a brutalement mis fin à sa vie de fils, en le propulsant dans la vie d'homme adulte.

Cette incarcération a été un véritable choc pour ses parents qui sont devenus réellement dépendants de lui et qui se sont retrouvés seuls dans l'appartement familial, du jour au lendemain, de manière aussi violente. A présent, seulement Walid était encore là, le fils qui s'était émancipé à sa majorité et qui s'était marié jeune, avec qui ils n'étaient plus particulièrement proches pour avoir été séparés de lui pendant deux décennies. Walid était le seul qui ne passait pas régulièrement ses vacances en Tunisie, préférant les passer au Maroc chez sa belle-famille. Walid était le seul qui ne participait pas dans les évènements familiaux, le seul qui ne figurait pas sur les photos de groupe et le seul qui n'avait pas assisté au mariage de Nasser. Après son divorce, il est devenu plus impliqué dans les relations avec la fratrie mais il est resté toujours indépendant. A quarante ans, il préférait naturellement passer ses soirées avec des amis ou avec une femme rencontrée sur Meetic plutôt que de regarder la télévision tunisienne ou les feuilletons turcs avec sa mère. K'mel était le seul qui restait avec ses parents toutes les soirées, et maintenant il n'était plus là. Il a laissé derrière lui un vide immensurable. Un soir, ses parents se sont endormis devant la télé alors qu'il faisait encore jour ; je n'ai pas osé les réveiller et je suis restée ainsi, assise dans le noir, jusqu'à la tombée de la nuit, en pensant à K'mel. Il manquait vraiment à tout le monde, à ses parents qui étaient dépendants de sa présence, et à moi-même qui respirait pour lui.

Mon premier parloir s'est très mal passé. Le grand frère Nasser est claustrophobe, il se sent mal au parloir, il ne supporte pas l'exiguïté de la petite pièce recouverte de graffitis et de taches de sang, il est extrêmement nerveux, il pousse des cris non articulés et donne des coups de poing aux murs.

Lorsque K'mel arrive nous voir, Nasser parle beaucoup, il parle trop vite, il frappe la petite table par ses grosses mains et je sursaute. Le niveau de stress est impressionnant, je ressens comme si j'étais soufflée dans une explosion. La mère de K'mel, quant à elle, parle uniquement en dialecte tunisien que je ne comprends pas, même si elle parle couramment français, sans doute car elle se sent plus à l'aise ainsi. Je m'efforce à comprendre les grandes lignes mais c'est peine perdue, elle lui raconte ce qui se passe dans leur famille élargie, elle rapporte tous les derniers ragots, naturellement elle préfère que je n'entende pas leurs conversations confidentielles. Je suis assise à côté de K'mel, sa mère est assise en face de lui et son frère Nasser en face de moi. Discrètement, il touche ma main ou ma cuisse au-dessous de la petite table, je lui serre la main pour le soutenir, mais je n'arrive pas à placer un mot. J'attends mon tour pour lui parler mais il n'arrive pas, les minutes s'écoulent rapidement, la fin du parloir s'approche dangereusement, sa famille est tellement envahissante que je n'ai pas réussi à poser mes yeux sur lui, je n'ai pas réussi à lui dire quoi que ce soit. Il est assis face à sa mère et son frère, lui non plus n'a presque pas posé son regard sur moi. Il a réussi à me glisser un petit papier dans la poche, sans que personne ne le voit. Le parloir touche à sa fin, les surveillants arrivent pour l'emmener, il prend sa mère longuement dans ses bras puis fait la bise à son frère, il ne reste même plus de temps pour le serrer dans les miens. Lorsqu'il sort, je sens des larmes monter, j'ai la gorge serrée et mal au ventre, je n'ai pas du tout senti que j'ai eu un parloir. J'étais comme une spectatrice qui n'avait pas eu l'occasion de parler, j'étais exclue de leur monde et frustrée de ne pas avoir eu ne serait-ce qu'un seul moment privilégié avec lui.

Une fois dans la voiture pour rentrer à Paris, je retrouve le petit morceau de papier qu'il a glissé dans ma poche. J'ai cru que c'était un numéro de téléphone, ou des instructions pour notre avocat. C'était un petit mot pour moi, seulement pour moi, car il voulait probablement me dire tant de choses sans avoir l'occasion devant sa famille. Il a écrit qu'il m'aimait et qu'il ne fallait jamais l'oublier, le tout accompagné de deux cœurs dessinés l'un à l'intérieur de l'autre. Ce jour-là, dans la voiture de Nasser qui avançait vers Paris, j'ai finalement eu mon parloir.

Par chance, K'mel aime écrire et nous échangeons des courriers quasi quotidiens. Parfois, je parfume les lettres que je lui envoie, parfois je les embrasse en ayant mis du rouge à lèvres pour laisser une trace, parfois je lui glisse des tickets de caisse des restaurants dans lesquels nous avons mangé ensemble, à Miami, à Londres ou à Bruxelles. Je veux à tout prix qu'il se souvienne de sa vie à l'extérieur et qu'il garde le moral. Je lui décris mon quotidien, la douleur que je ressens suite à notre séparation, la frustration des parloirs que je devrai partager avec sa famille, l'envie d'être de nouveaux avec lui. Parfois, je lui explique les lois de l'économie, je présente les plus importantes théories et leurs auteurs, espérant qu'il décroche son baccalauréat. Ce pari a été gagnant, car il a vraiment appris à apprécier l'économie.

Dans ses lettres, K'mel écrit des longues phrases qui suivent sa pensée qui s'enchaîne, comme s'il était pressé à me dire le plus possible en un minimum de temps. « Tout le monde parle de la même chose, pourquoi on est là, combien de temps on a pris, il y a quelqu'un qui est là pour avoir tiré sur quelqu'un mais je crois qu'il est un peu fou, il est en mandat de dépôt, il est en attente de son jugement, du coup je me tiens à l'écart de lui, j'espère qu'ils ne vont pas me mettre en cellule avec quelqu'un comme lui. Les gens pètent un câble, toute une journée enfermés dans une cellule, ils crient, ils s'insultent, ils tapent sur les murs, les portes, toute la nuit, c'est fou. Il y a un gars qui tape sur la porte de sa cellule depuis une heure, il insulte les matons, il pète un câble. » Il dit qu'il voudrait profiter de cette expérience pour en ressortir plus fort, il a décidé de ne pas craquer, bien qu'il ait une grosse envie de fumer et bien qu'à Fleury tout le monde fume.

Il dit avoir réussi à voir une conseillère pénitentiaire d'insertion et de probation qui lui a dit que les gens condamnés à des peines supérieures à deux ans peuvent être transférés dans des centres de détention, où les cellules sont individuelles et il y a des visites prolongées pour les familles. Les maisons d'arrêt comme Fleury ou Fresnes sont destinées aux détenus condamnés à des courtes peines ou qui sont en attente de leur jugement. On lui a conseillé de refuser le transfert, car à Fleury on peut sortir avec un aménagement de peine, au bout de quatorze ou de dix-huit mois, et si sa procédure de confusion de peine aboutit il pourrait sortir au bout de six mois. On lui a dit de s'attendre à rester en détention environ quatorze mois. Si on arrive à lui trouver un emploi ou une formation pour le mois de septembre, il pourrait bénéficier d'un bracelet électronique, mais la demande d'aménagement de peine doit être déposée tout de suite, sans attendre de réunir les justificatifs à présenter au juge d'application des peines, car les délais pour obtenir un rendez-vous peuvent être longs. A Fleury, ils étaient d'environ huit mois. Il a suivi le conseil et déposé une première demande d'aménagement de peine le 17 mai, dix jours après son arrivée à Fleury.

De mon côté, j'ai essayé de joindre l'avocat pour l'informer qu'une demande d'aménagement de peine a été déposée et demander des conseils pour la procédure. Or, non seulement qu'il n'a pas décroché lorsque je l'ai appelé, mais il n'a pas non plus rappelé lorsque je lui ai laissé un message vocal. Je lui ai également envoyé un mail, mais il est resté sans réponse. J'ai commencé à m'inquiéter, il était censé être là lors de l'audience devant le substitut de procureur, il aurait dû l'informer qu'une demande de confusion de peines était en cours, il aurait dû mieux réagir.

Je me suis souvenu de quelques autres détails qui m'ont fait perdre la confiance en lui. Tout d'abord, c'était un avocat commis d'office qui aurait dû être gratuit et ne pas demander des honoraires qui s'élèvent à 3.000,00€. Or, K'mel m'a expliqué que les avocats commis d'office disent clairement aux clients que s'ils ne paient pas, ils ne parleront pas à l'audience, en sachant que si les prévenus n'ont pas d'argent, ils ont un cercle familial qui pourrait les aider. Nous n'avions aucune preuve que nous l'avons payé, car nous lui avons versé ses honoraires en cash. J'ai même soupçonné que l'avocat a pu encaisser de l'argent venant de l'aide juridictionnelle, en plus des honoraires que nous lui avons versé.

Je me suis rappelée de la première fois où j'ai entendu parler de lui. K'mel était en garde à vue suite à une bagarre et j'ai contacté un avocat qui m'a été recommandé par une association contre le racisme, Maître Jean Marc Rémy. Il a passé plusieurs coups de fil pour localiser K'mel et m'a expliqué au téléphone qu'il ne fallait pas avoir peur, qu'il allait prendre une peine de six mois qui allait être aménagée en bracelet électronique et raccourcie à quatre mois. Or, lorsqu'il a réussi à joindre le commissariat où K'mel était en garde à vue, il a appris qu'un autre avocat était déjà en route. Je ne le connaissais pas encore, mais lorsque nous nous sommes parlés pour la première fois, il m'a dit que la situation de K'mel était très sérieuse car il avait des condamnations antérieures. Il m'a complètement terrorisé en m'expliquant la gravité de la situation. Le lendemain matin, il a appelé pour m'annoncer que, grâce à ses compétences, il a réussi à bien plaider devant le juge et K'mel a eu une condamnation de seulement six mois.

« C'est vraiment une honte d'effrayer les gens de cette manière, » maître Rémy m'a-t-il dit. « Il s'agit d'une histoire banale, il ne fallait pas en rajouter... »

Depuis cette première discussion avec l'avocat de K'mel, je ne l'aimais pas. J'ai même fait des cauchemars le concernant, persuadée qu'il n'était pas compétent. Lorsque nous avions une audience pour la dernière affaire, je pensais qu'il n'allait pas venir jusqu'au dernier moment. Nous n'avions aucune preuve de paiement, il pouvait tout à fait faillir à ses engagements. A l'audience, il a plaidé pendant une heure, mais uniquement sur la personnalité de K'mel, rien sur les éventuels vices de procédure, rien sur les articles des lois... Parler de son profil et de ses efforts de réinsertion, K'mel lui-même pouvait en parler. Je m'attendais à beaucoup plus de la part d'un avocat payé 3.000,00€.

Le plus décevant, c'était au moment où le verdict de deux ans ferme a été prononcé. L'avocat a conseillé à K'mel de ne pas faire appel.

« Nous avons eu de la chance, cette peine est bien inférieure à celle qu'on risquait. Je vous déconseille de faire appel. De toute façon, vous ne pourrez pas me payer. »

Et là, sur le champ, sans que je puisse réagir, je vois K'mel signer une attestation de non-appel, acceptant le verdict. J'étais en colère car il on ne lui a pas donné la possibilité de réfléchir, comme si on lui avait forcé la main pour boucler l'affaire au plus vite.

Ceci dit, l'avocat a eu raison de déconseiller K'mel de faire appel. La peine de seulement deux ans de prison ferme pour un vol à la main armée, nous avions eu une sacrée chance.

Plus tard dans l'année, nous avions reçu une convocation pour se présenter devant le même tribunal correctionnel, car il y a eu une erreur matérielle qui devait être corrigée. Paniquée, j'ai appelé ma mère pour lui demander ce que cela signifiait et elle m'a répondu que la peine prononcée avait la valeur de chose jugée et qu'elle n'allait pas être modifiée, même si l'administration s'est rendue compte d'une erreur matérielle. Effectivement, nous avons eu beaucoup de la chance car l'erreur matérielle était la récidive, une circonstance aggravante qui aurait pu alourdir la peine. L'avocat s'est présenté à cette nouvelle audience, il a accepté que la récidive soit inscrite dans le jugement, puis nous sommes rentrés à la maison pour attendre la réponse à notre demande de confusion de peines.

A présent, l'avocat ne me répondait plus et j'ai décidé de chercher un autre conseil qui pourrait nous aider à aménager la peine. De nouveau, il fallait prendre des rendez-vous, rencontrer les avocats, présenter l'affaire, photocopier les justificatifs, négocier les honoraires. K'mel m'a donné l'autorisation de chercher quelqu'un d'autre car son avocat n'est pas venu le visiter depuis le début de son incarcération. Il m'a dit de prendre qui je voulais, qu'il me faisait confiance.

J'ai consulté six avocats différents et l'un d'eux m'a paru très efficace. Il s'agissait de maître Xavier Nogueras, un jeune avocat d'origine espagnole qui était déjà passé à la télévision car il défendait un homme accusé d'avoir hébergé des terroristes, pour lequel il a obtenu la relaxe en première instance. Il me semblait qu'un tel exploit était gage de compétence. Il m'a dit qu'il défendait habituellement des terroristes et que mon dossier lui paraissait très facile à défendre. Il m'a envoyé un mail le jour même avec une proposition très intéressante.

> *« Pour envisager un aménagement de peine de 42 mois, avec RPA 8 mois et 12 jours soit 34 mois à accomplir, il existe la possibilité de libération conditionnelle à la mi peine, soit à 17 mois. Possibilité de libération en semi probatoire à la libération conditionnelle 12 mois avant sa date de libération conditionnelle, soit dans 5 mois. Deux possibilités dans ce cas : soit en milieu ouvert, il dort en prison et sort le soir, soit avec un bracelet probatoire. Documents : contrat de travail ou promesse d'embauche qui mentionne la qualité/le salaire/les heures de travail, CNI du gérant, K-bis et bilans des deux années passées, attestation d'hébergement et revenus de l'hébergeant. Honoraires : 2000€ HT (TVA 20 %) soit 2.500€ TTC. »*

J'ai copié le mail avec sa proposition et je l'ai envoyé à l'avocat de K'mel qui l'a défendu au procès, pour voir s'il pouvait procéder de la même manière. Nous étions mi-juin, il aurait déjà dû le visiter en détention et déposer la demande d'aménagement de peine. Mais encore une fois, il ne m'a pas répondu.

Quelques jours plus tard, j'ai engagé Maître Nogueras, déposé toutes les pièces du dossier à sa stagiaire et pris son RIB pour lui envoyer les honoraires par virement. J'avais envie que ça marche, que mon homme sorte le plus vite possible, qu'on décroche quand j'appelle, qu'on me rassure que tout ira bien.

Une fois le nouvel avocat engagé, l'ancien est allé visiter K'mel en prison pour lui proposer le même plan que je lui ai envoyé par mail. La seule différence, c'était une possibilité de passer hors commission, c'est-à-dire sans rencontrer le juge d'application des peines, qui pourra statuer en consultant le dossier. Les dossiers hors commission sont traités beaucoup plus rapidement que les audiences devant le juge d'application des peines et nous aurons peut-être une chance de passer avant la fin de l'année. Alors K'mel m'a appelé de la promenade pour me dire de discuter avec l'ancien avocat et de choisir l'un des deux, en sachant que le premier a déjà été intégralement payé. Il avait une préférence pour le premier mais il m'a demandé de choisir, car il n'était pas en liberté pour pouvoir rencontrer les gens lui-même.

J'ai alors appelé le premier avocat et je lui ai demandé pourquoi il ne répondait pas à mes appels ou mes mails. Il m'a répondu qu'il était souvent en audience et que mes appels n'étaient pas urgents, ce qui était peut-être vrai. Ensuite, il a demandé encore 1.000,00€ pour la procédure d'aménagement de peine. Je lui ai dit que nous avions déjà convenu d'un forfait de 3.000,00€, même si nous n'avions pas signé une convention d'honoraires car tout a été payé en cash, et que cette somme n'était pas censée couvrir une seule audience mais la procédure entière. Par ailleurs, son client était bénéficiaire des minimas sociaux et criblé de dettes, ce n'était pas honnête de lui demander davantage, d'autant plus qu'il était initialement commis d'office. J'étais furieuse.

La semaine qui a suivi, après avoir longuement insisté, j'ai eu un parloir tout seule. J'ai pris le même RER D jusqu'à Juvisy puis le même bus D5 jusqu'à la maison d'arrêt. Je suis partie de chez moi environ trois heures et demi avant le parloir mais j'ai failli le rater car il y a eu un contretemps. La gare de Juvisy était en travaux et la sortie que je prenais habituellement était fermée, je devais donc sortir de l'autre côté et j'ai cherché la station de bus pendant une dizaine de minutes. Lorsque je l'ai finalement retrouvée, le bus venait de partir et le prochain départ était dans une demie heure. Avec encore une demie heure de trajet, j'allais arriver devant Fleury à la minute exacte où il fallait se présenter à l'accueil pour être fouillée. Je n'aurais pas assez de temps pour déposer mes affaires dans les casiers à code et j'ai commencé à paniquer. Je ne cessais de demander le chauffeur d'aller plus vite, pour éviter de rater mon parloir.

Une femme et un homme qui allaient eux aussi à Fleury ont essayé de me rassurer.

« Ne vous inquiétez pas si vous le ratez, il comprendra. Il vous rappellera pour savoir ce qui s'est passé. »

« Il va s'inquiéter, il ne pourra pas me rappeler jusqu'à la promenade de demain, il va passer une nuit blanche... »

« Il vous appellera de sa cellule. »

« Comment ça ? Il n'y a pas de téléphone dans la cellule. »

« Avec un portable. Ils ont tous un portable là-bas. »

« Pas lui. L'avocat nous a mis en garde de ne pas prendre un portable, autrement il pourrait avoir un compte rendu d'incident et ça pourrait compromettre son aménagement de peine. »

J'étais très stressée car le bus n'avançait pas, il avait l'air de prendre tout son temps, j'avais l'impression qu'il y avait encore plus de stations à parcourir que d'habitude. Finalement, j'ai demandé aux deux personnes qui allaient elles aussi à Fleury à quelle heure étaient leurs parloirs. Celui de l'homme était une demie heure après le mien, alors je lui ai donné mon sac en lui demandant de le déposer avec le sien dans un casier à code, car je n'aurais jamais assez de temps pour le déposer moi-même. Il a accepté, évidemment, car les familles de détenus se soutiennent. Dans le sac, il y avait deux smartphones, le mien et celui de K'mel, il y avait mes cartes bancaires et les clés de mon appartement, j'allais les donner à un parfait inconnu mais il fallait prendre ce risque pour ne pas rater le parloir. Tant pis si je le ne retrouve pas en sortant, je pourrais toujours dormir chez ma future belle-mère et demander qu'on me refasse les nouveaux badges d'accès quand je repartirai travailler lundi matin.

Arrivé au parloir, j'ai tellement de choses à lui dire mais mon cerveau se bloque, je panique car il n'y a pas assez de temps, j'ai tant de choses à lui dire mais je ne trouve pas des mots. J'ai l'impression que le temps s'accélère quand on est ensemble et qu'il ralentit quand on est séparés. Je lui pose des questions sur son quotidien. Il dit qu'il a finalement été transféré dans une vraie cellule qui se trouve au troisième étage, qu'il a un codétenu d'origine zaïroise qui est tombé pour trafic de drogue. Il a dit qu'il s'est converti à l'islam, chose qui l'a rendu sympathique aux yeux de K'mel. L'homme est un père de famille, il est non-fumeur et fait régulièrement le ménage dans la cellule, mais vu que c'est sa troisième incarcération, plus personne ne vient le visiter et personne ne lui envoie des mandats. Alors il se sert parfois dans le frigo et prend de la nourriture cantinée par K'mel. A part ça, il est très réservé, sort très rarement en promenade et reste au lit toute la journée. Il passe toute la journée sans dire un mot et K'mel finit par ne plus se sentir à l'aise.

« Pourquoi il ne sort jamais en promenade ? Pourquoi il ne t'adresse pas la parole ? »

« Franchement je ne sais pas. »

« Il déprime ? »

« Je n'en ai aucune idée. Mais j'ai l'impression que je suis tout seul dans la cellule. »

Il me dit qu'il a une vue sur le mirador depuis sa fenêtre. Je suis heureuse de connaître ce détail, car j'ai déjà vu ce mirador sur le côté gauche de l'établissement, en face du bâtiment D1. Maintenant je saurais le situer à l'intérieur, je pourrais regarder ce mirador après le parloir et peut-être bien qu'il le regarde au même moment, peut-être nos regards se croiseront ainsi, indirectement.

Je le prends dans mes bras, je lui dis qu'il me manque, je m'efforce de ne pas pleurer, je n'ai pas envie de l'attrister. Il me parle de ses cours, de ses examens à venir, de ses projets. Il me dit de ne pas m'inquiéter, qu'il n'est pas seul à Fleury, que la moitié de la promenade est composée de gens du 19ème arrondissement qu'il connaissait de vue. Moi qui espérais cacher son incarcération de notre entourage, je me rends compte que ce sera peine perdue, puisque les gens du quartier vont se passer le mot. Il me dit qu'il a rencontré un trafiquant d'armes en promenade, un Serbe de Belgrade aussi grand qu'une armoire de glace, tatoué sur tout le corps. L'homme discutait uniquement avec d'autres européens de l'Est et partageait la cellule avec son complice, ils ont pris respectivement trois ans et dix-huit mois pour le trafic d'armes. K'mel avait l'impression que son délit n'était pas aussi sérieux que le leur, et pourtant il a eu deux ans de prison ferme, presque autant que ces hommes dangereux. Je lui ai expliqué que les gens originaires des Balkans ne sont pas méchants, ils revendent les armes pour survivre, car notre pays était en guerre pendant plusieurs années et ils ont des stocks qu'ils sont contraints de vendre car le pays est devenu très pauvre. Quand K'mel lui a dit que sa copine était d'origine serbe, l'homme a passé une heure à discuter avec lui comme s'ils étaient des frères. Quelques jours plus tard, il m'a envoyé une lettre avec quelques mots d'amour en serbe, ma langue maternelle. Il a dû les apprendre en promenade. J'étais très touchée par son geste.

Mon parloir était retardé pour une raison et je suis sortie quelques minutes après l'homme à qui j'ai confié mon sac à main. Je le voyais sortir de son parloir du bâtiment D5, prévu quarante-cinq minutes plus tard. En sortant des parloirs, les familles sont bloquées dans un couloir fermé par des barreaux des deux côtés, probablement le temps de fouiller les détenus pour voir s'ils avaient reçu des objets illicites de la part de leurs familles. L'attente devenait très longue et j'ai appelé les surveillants pour les demander de nous ouvrir les portes, en expliquant que j'avais confié mon sac à l'homme qui venait juste de sortir du parloir d'en face. Incrédule, le surveillant m'a demandé pourquoi j'ai confié mon sac à un parfait inconnu.

« C'était pour ne pas rater le parloir. »

« Et alors, ce n'est pas la fin du monde, vous pouvez le rater et revenir une autre fois. »

« Je préfère perdre mon sac et tous les objets personnels plutôt que de rater le parloir. »

Il a souri en entendant ces propos. Il a dû penser que mon homme a de la chance si je l'aime à ce point.

En sortant, j'ai remercié l'homme qui m'a remis mon sac et constaté que toutes mes affaires étaient là. Je l'ai invité à déjeuner avec moi, mais il devait repartir et il a poliment décliné mon offre.

Je suis restée longuement à regarder le mirador que K'mel voit depuis sa cellule. Je répétais ce petit rituel après chaque parloir.

A l'accueil familles, j'ai vu une affiche qui s'adressait aux visiteurs et qui demandait de signaler les comportements à risque, afin de lutter contre le suicide. J'ai longuement réfléchi car le comportement du codétenu de K'mel donnait l'impression qu'il était dépressif. Personne ne le visitait, personne ne lui envoyait de l'argent, il ne sortait pas en promenade et n'adressait pas la parole à son codétenu ; il avait très probablement le profil d'un homme dépressif. Alors j'ai posé la question aux surveillants à l'accueil s'ils pensaient qu'un tel comportement était inquiétant en détention. Ils m'ont répondu qu'il fallait essayer de récupérer le nom de la personne et le numéro d'écrou, puis faire un courrier ou appeler au téléphone pour qu'il puisse être entendu et éventuellement pris en charge. J'avais peur qu'il se suicide devant K'mel, car un tel traumatisme pourrait le marquer à vie. J'avais envie de l'aider mais je ne savais pas comment, je ne connaissais ni son nom, ni son numéro de cellule, rien qui pourrait aider. Alors j'ai décidé de demander à K'mel d'en parler avec lui et d'essayer de l'aider avant que ce soit trop tard.

A la gare de Juvisy, j'attendais le train avec une autre femme qui revenait de Fleury. Nous avons discuté un peu dans le bus pour partager nos expériences et nous soutenir mutuellement. Cette fois-ci, c'étaient une mère de détenu ; elle se déplaçait depuis Avignon pour visiter son fils de dix-neuf ans, en mandat de dépôt pour association de malfaiteurs. Elle venait une fois toutes les deux semaines car elle n'avait pas assez de moyens pour venir davantage. Son fils n'allait pas bien car sa petite amie l'a quitté quand il est parti en prison. Je me demandais pourquoi son fils devait être incarcéré dans la région parisienne s'il y avait des prisons plus près d'Avignon, avant de comprendre qu'il devait être jugé dans une affaire terroriste. Ce français converti n'est jamais parti en Syrie ni en Irak, il a simplement discuté avec quelques salafistes jugés dangereux et ça a suffi pour le mettre en examen. Depuis un an et demi, il attendait son procès ; l'avocat commis d'office a demandé 5.000,00€ d'honoraires et cette femme d'origine modeste avait payé un peu plus de trois mille euros jusqu'ici. Elle a accepté l'avocat qui lui a été désigné sans chercher à négocier ou trouver quelqu'un d'autre. Je regardais cette femme meurtrie, ses grands yeux bleus et sa détermination pour sauver son fils, et je me suis dit que K'mel avait beaucoup de la chance, que beaucoup de gens étaient dans une situation bien pire que la sienne, pour si peu de choses.

Quelques jours plus tard, j'ai reçu une lettre de K'mel qui me disait que je n'aurais jamais dû raconter aux surveillants à l'accueil que je m'inquiétais pour son codétenu. Le lendemain de ma visite, cinq hommes sont venus dans la cellule pour le questionner sur son état et il s'est avéré qu'il n'était pas du tout dépressif. Il avait simplement un téléphone portable et il passait son temps à discuter avec ses contacts à l'extérieur. Inutile de dire qu'il a été tellement furieux contre K'mel qu'ils se sont longuement disputés, au point que les surveillants les ont séparés et renvoyés en cellules différentes. Par chance, ils n'ont pas retrouvé le portable, autrement il aurait fallu le rembourser à cet homme qui aurait pu être dangereux et chercher à se venger. K'mel m'a demandé de ne plus me mêler de ce qui se passe en détention, car je pouvais le mettre en danger sans faire exprès. Je me suis sentie tellement mal, je ne savais pas que les surveillants arriveraient à découvrir aussi facilement de qui il s'agissait. Je me suis sentie tellement mal d'avoir intervenu.

En ce qui concerne le service pénitentiaire d'insertion et de probation, K'mel a été reçu pendant la première semaine, puis il a été oublié. En mars 2017, il y avait 4484 détenus à Fleury pour 2857 places. Inutile de dire que tout le monde ne peut être reçu, car une conseillère doit gérer environ deux cents dossiers. La première conseillère qui lui a été attribuée, Mme Régnier, est partie en vacances et n'est jamais revenue. Lorsque j'ai essayé de la joindre par téléphone pour lui faire parvenir le dossier d'aménagement de peine, une remplaçante m'a conseillé de dire à K'mel de leur écrire pour demander à être reçu et qu'on lui attribuera une autre conseillère.

Nous étions déjà mi-juin et les épreuves de baccalauréat allaient arriver. Nous étions tous les deux très excités à l'idée de pouvoir les passer, surtout que les cours ont apporté à K'mel beaucoup de réconfort et d'espoir en détention. Il s'est senti utile et bien entouré, très reconnaissant car il n'aurait peut-être pas eu des cours de soutien scolaire s'il était en liberté. Même si nous n'avions pas eu des contacts avec le service pénitentiaire d'insertion et de probation, son parcours scolaire a été chargé et il a pu suivre des cours de mathématiques, philosophie, français et anglais. Comme pour tous les autres bacheliers, il a passé ses épreuves en une semaine, du matin au soir, épuisé mais heureux. Avec son écriture maladroite il a rempli des pages entières, il les a peintes de son espoir, il a donné tout de lui-même, bien qu'il lui manquât la méthode. A la fin, il a réussi à obtenir des très bonnes notes en français, en anglais et en arabe, puis des notes moyennes en philosophie et en économie. Quant aux autres matières, il a été médiocre et il n'a pas réussi à obtenir la moyenne. Il a raté de peu la session de rattrapages et la responsable d'enseignement du bâtiment D1 m'a envoyé le message suivant : « Les résultats sont très encourageants pour quelqu'un qui prépare tout seul. Il faut vraiment qu'il maintienne les maths et obtienne la moyenne en économie. »

Déterminés de ne pas se laisser abattre par cet échec, nous avons décidé de continuer les efforts pour décrocher le baccalauréat l'année prochaine, lui en étudiant et moi en l'encourageant. Non seulement je voulais qu'il passe son temps en détention de manière agréable, mais aussi je voulais qu'il découvre différentes matières et élargisse ses horizons, afin de trouver éventuellement sa voie. J'étais très curieuse de voir dans quelles matières il allait faire des meilleurs résultats. Ce n'était qu'une partie remise et j'étais persuadée que l'année suivante il allait avoir des meilleures chances pour réussir, puisqu'il restait encore beaucoup de temps pour étudier. S'il a réussi à obtenir presque suffisamment de points pour aller en rattrapage après seulement un mois de préparation, il pourrait même décrocher son baccalauréat avec mention l'année prochaine.

Nasser, quant à lui, a décidé de chercher un contrat de travail pour K'mel et il m'a envoyé un texto pour me faire suivre une offre qu'il a trouvé sur le site de petites annonces, LeBonCoin.fr, pour le poste de chauffeur funéraire.

« Tu pourras m'envoyer le CV et une lettre de motivation type s'il te plaît ? Eux ils peuvent être intéressés par la promesse d'embauche. Merci. »

« Ça va bien, merci, et toi ? Je te l'envoie dans la soirée avant d'aller dormir. Chauffeur funéraire ! Ils ne doivent pas avoir beaucoup de candidats. »

J'avais le cœur serré car je n'avais pas envie que K'mel fasse un métier aussi morbide, comme si sa vie n'était pas déjà suffisamment traumatisante. J'avais tellement envie qu'il trouve un travail ordinaire, avec des horaires conventionnels, qui ne serait pas dangereux pour sa santé physique ou mentale et qui va susciter son intérêt. Je voulais qu'il soit choisi parmi d'autres candidats et accepté pour un poste classique, pas pour un poste où il n'y avait pas de concurrence. Mais il était détenu, il n'avait pas une date prévisible de disponibilité à présenter à un patron et la marge de manœuvre était malheureusement restreinte. Alors j'ai envoyé son CV à Nasser, qui s'est quand même donné de la peine à lui trouver une proposition, car j'ai tout de même apprécié son geste.

6.

Quelques jours plus tard, la mère de K'mel m'a dit qu'elle a parlé avec le patron d'une société de transports pour lui demander de recruter K'mel et il a accepté. C'était un certain monsieur Hamdi, l'ami d'enfance de son fils Rayan. Elle est allée le voir avec Nasser en lui expliquant ce qui est arrivé à son fils et ce patron a décidé de l'aider. Il avait lui aussi un frère qui était condamné à une lourde peine de prison, à qui il avait donné une promesse d'embauche pour qu'il sorte avec le bracelet électronique. Seulement, son frère n'a pas pris ce travail au sérieux, il ne venait pas régulièrement au travail et le juge d'application des peines l'a renvoyé en prison. Ayant vécu une situation similaire, le patron était sensible à notre problème et il nous a rédigé une promesse d'embauche, qu'il nous a donné avec son K-bis et une copie de sa pièce d'identité.

Il y avait juste un petit détail : la promesse d'embauche était signée à la fois par l'employeur et le futur salarié, mais comme K'mel était en détention, c'est son frère Nasser qui a signé à sa place. Or, une promesse d'embauche n'a pas besoin d'être contresignée, la signature du patron suffit. Une telle erreur pouvait être préjudiciable pour la procédure d'aménagement de peine, d'autant plus que le juge regarde chaque détail et risque de refuser le dossier s'il se rend compte que la signature a été falsifiée. Évidemment Nasser a voulu bien faire et ne s'est pas du tout rendu compte de la gravité de son geste – une falsification de signature était un délit puni de trois ans de prison et de 45.000,00€ d'amende. Dans notre cas, il était facile à prouver que K'mel n'avait pas signé la promesse d'embauche lui-même le même jour que le patron car il était en détention. Cependant, je n'ai pas voulu insister, ils ont fait de leur mieux et il fallait être reconnaissante. J'ai envoyé le dossier complet au nouvel avocat et il nous a dit qu'il l'enverra au juge d'application des peines dans les meilleurs délais. A présent, nous pouvions présenter un dossier complet pour notre aménagement de peine.

K'mel a réussi à rencontrer une nouvelle conseillère pénitentiaire d'insertion et de probation, madame Barnier, qui lui a promis de présenter un dossier de permission pour qu'il puisse rencontrer son futur employeur. Lorsque nous avons discuté au téléphone, elle avait l'air convaincue que K'mel était sur la voie de réinsertion et qu'il n'avait plus le profil d'un délinquant. Elle m'a demandé de lui faire parvenir le bilan annuel de la société de transport pour être certaine qu'elle était suffisamment solide pour recruter. Elle m'a expliqué que la permission de sortie d'une journée permettait de tester le juge et voir s'il serait disposé d'accorder un aménagement de peine. Normalement, si la permission de sortie pour le rendez-vous employeur est acceptée, c'est le bon signe car le bracelet sera accepté également. Les permissions sont utilisées aussi pour tester le détenu et voir s'il reviendra à l'heure, ou s'il reviendra tout court. Beaucoup sont tentés de rester en cavale et aggravent ainsi leur cas, car une fois arrêtés on leur ajoute une peine supplémentaire.

Lorsque Nasser a contacté M. Hamdi, il lui a répondu qu'il ne pouvait pas lui communiquer son bilan, puisqu'il était confidentiel. En réalité, il ne déclarait pas tout son chiffre d'affaires aux impôts et recrutait des sans papiers pour avoir des meilleures marges, donc il ne voulait pas que les administrations mettent leur nez dans ses comptes.

Pire encore, il a dit que la promesse d'embauche n'était plus possible car sa société était en grande difficulté financière et il venait de déposer le bilan. Lorsque Nasser m'a appris cette nouvelle, j'ai senti que M. Hamdi ne disait pas la vérité et j'ai consulté les annonces légales sur Bodacc. Il n'y avait pas de liquidation judiciaire, il n'a pas dit la vérité ; il cherchait tout simplement à se désister.

Alors j'ai téléchargé son bilan sur le site d'info greffe pour le prix de quelques euros et je l'ai envoyé à la conseillère. Une fois le dossier complété, il devait partir en commission pour qu'une permission soit accordée. Nous avions beaucoup d'espoir et nous pensions que cette permission n'était qu'une formalité.

L'été a été très long, avec les vacances judiciaires, les services réduits dans les administrations, les avocats qui ne répondent pas et toutes les difficultés du monde à faire avancer nos dossiers. Chaque semaine, j'allais au parloir pour visiter K'mel, parfois avec sa mère et son père, parfois avec sa mère et son frère Nasser. Il a réussi à obtenir une cellule individuelle en écrivant à l'administration et en expliquant qu'il avait arrêté de consommer le cannabis et voulait une cellule non-fumeur. Il faut croire que l'administration pénitentiaire prends ce type d'initiative très au sérieux et il a même pu prendre des rendez-vous avec une addictologue, pour l'aider à surmonter les crises passagères.

Le plus souvent, les conversations au parloir tournent autour des démarches, des avocats, des courriers, des conseillères pénitentiaires, car on n'a ni le temps ni l'envie de parler d'autre chose.

Le père de K'mel était très malade et devait subir une chimiothérapie, alors la plupart du temps il n'avait pas assez de force de venir visiter, quand il n'était pas hospitalisé. C'était très dur de le voir venir au parloir, en train de marcher avec la grande difficulté, à l'aide de sa canne. Les deux hommes avaient un lien privilégié et se comprenaient avec des regards, sans devoir échanger des mots. Par moments, le père pleurait au parloir car il ne supportait pas voir son fils incarcéré. Mais K'mel tenait à assumer sa peine et ne cessait de dire à ses parents qu'il était incarcéré pour l'homme qu'il était avant, qui a désormais changé.

Lorsque le père de K'mel trouvait suffisamment de force pour venir au parloir, c'était un pur plaisir de passer des moments ensemble. K'mel était reconnaissant et apaisé. Malheureusement, ces moments étaient rares et ça les rendait encore plus précieux. Pour venir visiter un prisonnier, il fallait patienter dans une file d'attente pour être fouillé et passer à travers des détecteurs de métaux, puis patienter jusqu'à ce qu'un surveillant vienne vous ouvrir la porte de l'ascenseur, puis patienter dans une autre file d'attente pour donner sa pièce d'identité aux surveillants et récupérer son permis de visite, puis patienter encore pour déposer un sac de linge car les maisons d'arrêt ne sont pas équipées de laveries automatiques, puis patienter dans un hall circulaire, puis patienter dans un couloir qui se termine des deux côtés par les barreaux, puis patienter dans la cabine jusqu'à l'arrivée du détenu, une procédure qui durait entre une et deux heures. C'était épuisant pour les personnes âgées et encore plus pour une personne qui était sous chimiothérapie. Et pourtant, ce père dévoué est venu au parloir plusieurs fois, même lorsqu'il tenait à peine debout.

Un jour, nous avons eu un parloir dans un box qui était face aux fenêtres qui donnaient sur le bâtiment D1. J'ai collé mon nez sur la vitre en contemplant le troisième étage, en tentant de deviner où était la chambre de K'mel. J'essayais de le situer par rapport au mirador mais je ne le voyais pas depuis la petite fenêtre circulaire, trop petite pour bien voir. Il fallait déjà avancer, les surveillants devaient vider le couloir pour le prochain parloir.

« Après chaque parloir, je regarde longuement le mirador avant de repartir, car je sais que sa cellule a la vue sur lui, » j'ai dit au jeune surveillant.

« Vous êtes romantique. »

Alors qu'il nous conduisait depuis le parloir vers la sortie, je lui ai posé la question sur son quotidien à Fleury.

« Quelle est la principale difficulté de votre travail ? »

« Voir ceci », m'a-t-il dit, en regardant mon futur beau-père, fragile et malade, alors qu'il avançait doucement à l'aide d'une canne. « Voir les parents qui peuvent à peine marcher et qui viennent visiter leur enfant. Nous sommes des humains, nous avons un cœur. Je ne juge pas les détenus. Aujourd'hui je suis surveillant, mais demain je serais peut-être à leur place. La vie peut basculer en un seul instant. »

Ces paroles m'ont bouleversé, alors que je me rendais compte de la fragilité de la vie et de l'incertitude du destin.

Alors que nous attendions dans la file d'attente pour récupérer nos pièces d'identité, une jeune femme qui était juste devant moi s'est adressé aux autres.

« Vous avez entendu la nouvelle ? Un jeune de vingt et un ans est mort cette semaine, alors qu'il devait sortir à la fin de l'été. Il s'appelait Lucas. Il aurait été battu à mort au mitard. »

Il s'appelait Lucas Harel et il aurait perdu la vie après un parloir avec sa mère, le 21 juillet. Apparemment il y a eu une altercation avec les surveillants pour suspicion d'introduction d'un téléphone portable au parloir. Selon la version officielle, il se serait pendu au mitard, ce qui est impossible selon ses proches. Au mitard, « le seul endroit il pouvait s'attacher c'est le néon, ce qui est impossible » racontent-ils. Une soixantaine de détenus a manifesté en promenade, refusant de regagner leurs cellules, pour exiger la vérité sur sa mort.[13] Pourquoi se serait-il suicidé, s'il devait être libéré dans deux mois ?

Soudain, en plein été, j'ai eu froid. J'ai eu mal au cœur pour ce jeune de seulement vingt et un ans, pour sa mère dont il était le seul fils, pour son avenir perdu. S'agissait-il d'un passage à tabac ? Qui est responsable de sa mort ? Lorsqu'on

---

[13] Nicolas Goinard (avec F.L.), *Essonne : manifestation devant la prison de Fleury-Mérogis après le décès de Lucas*, 21 ans, Le Parisien, 24 juillet 2018.

confie nos êtres chers à l'administration pénitentiaire, on veut les récupérer en fin de peine dans le même état dans lequel ils étaient en partant en prison. Loin de leurs familles, loin de ceux qui les aiment, ils deviennent fragiles et irritables, alors les disputes peuvent vite éclater.

Aux Etats-Unis, en Caroline du Nord, un détenu malade est mort de déshydratation pendant son transfert à l'hôpital et sept fonctionnaires ont été licenciés, pendant que l'administration pénitentiaire a été condamnée à verser 2,5 millions de dollars à sa famille pour éviter le procès. En France, c'est très facile de perdre la vie en garde à vue, pendant les manifestations ou en détention, mais la force publique n'est jamais tenue pour responsable.

Les détenus ne sont pas les seuls qui perdent la vie dans les prisons. J'ai appris que le 22 mai, un surveillant du bâtiment D1 où K'mel était détenu, s'est suicidé dans son uniforme, en se jetant d'un pont en Normandie. Il s'appelait Alexandre Gonneau et n'avait que vingt-sept ans. Un détenu a lancé une bouteille d'urine sur un autre détenu et Alexandre a reçu le projectile qui ne lui était pas destiné. Le détenu s'est excusé car il ne visait pas le surveillant, mais ce dernier n'a pas reçu le soutien de sa hiérarchie auquel il s'attendait.

J'espérais que ces tragédies se déroulaient loin de K'mel, car elles l'auraient attristé. Et pourtant, il nous racontait quelques fois les incidents en détention qui se déroulaient autour de lui. Une fois, il a raconté qu'un détenu a caché un rasoir dans sa bouche et balafré un autre détenu pendant la promenade car ce dernier lui devait un paquet de cigarettes. Sa peine a été prolongée de six mois de prison ferme. Une autre fois, il a raconté avoir rencontré en promenade un jeune Marocain incarcéré au D1 car il avait vendu une arme, celle qui a servi pour commettre l'attentat de Nice. Même s'il n'avait aucun lien avec le terroriste et même s'il n'était qu'un maillon dans la chaîne de vente de ladite arme, il a été condamné à une très lourde peine. Et pourtant, le simple fait de discuter avec un détenu poursuivi dans une affaire terroriste pouvait lui valoir une nouvelle condamnation.

Les promenades sont les lieux de haut risque où on peut croiser des hommes dangereux et subir des exactions diverses. K'mel a ainsi pu rencontrer un rappeur de Seine Saint Denis, déjà incarcéré dans le passé pour une affaire de stupéfiants, qui a abattu celui qui l'a dénoncé dès sa première libération. Il a également discuté quelques fois avec un homme surnommé Falco, qui était très discret sur les raisons de son incarcération, se contentant de dire qu'il était là pour une affaire très grave. Puis un jour, dans sa cellule, K'mel a vu un reportage sur un homme qui a tué une jeune femme d'un coup de tournevis dans la tête, pour rien. Stupéfait, il a compris qu'il s'agissait de Falco. Il était en compagnie de quelques amis qui voulaient draguer deux filles en sortant d'un café parisien, mais elles les ont éconduits et Falco a voulu se venger. Une fois arrêté, en attente de son procès, il a menacé les témoins depuis sa cellule et même essayé de les faire éliminer.[14] Il a été condamné à dix-huit ans ferme pour le meurtre et quatre ans pour les menaces contre les témoins. Lorsqu'il a été transféré à une maison centrale un peu plus tard, j'ai été soulagée.

Le rappeur de Seine Saint Denis était le plus souvent isolé dans la promenade, les autres détenus se tenaient à l'écart de lui et sa famille ne le visitait pas. Il était comme un fou, il serrait ses poings et marchait tout seul, torturé par la gravité de son acte. Lui aussi a été transféré dans une maison centrale, destinée pour les longues peines.

K'mel me racontait ces évènements à compte-gouttes, le plus souvent parce que nous étions devant ses parents et il ne voulait pas les inquiéter. Mais le peu de choses qu'il a raconté ont été suffisantes pour m'effrayer durablement. Ma seule consolation c'était le fait que les surveillants étaient

---

14 Stéphane Sellami, *Paris : Shéhérazade, 22 ans, tuée d'un coup de tournevis en pleine tête*, Le Point, 4 décembre 2017.

professionnels, humains et très courtois avec les familles, ce qui laissait supposer qu'ils étaient ainsi avec les détenus. Je ne craignais plus qu'il subisse des violences de la part du personnel pénitentiaire.

K'mel était très apprécié par les surveillants. L'un d'eux nous a dit, après un parloir, que K'mel était quelqu'un de bien. Un autre surveillant, qui devait emmener K'mel et un autre détenu dans sa cellule, a d'abord emmené K'mel et laissé l'autre patienter, en disant qu'il devait d'abord s'occuper des anciens. Un troisième surveillant lui a dit un jour, « Qu'est-ce que tu fais ici ? Ta place n'est pas ici. »

Dans la cellule au-dessus de la sienne, un Tunisien était incarcéré pour une longue peine, très probablement pour le terrorisme. Il faisait un appel à la prière cinq fois par jour et K'mel n'avait pas besoin de regarder l'heure, il suffisait de le suivre. Parfois, lorsqu'il m'appelait avec le portable de Samir, l'homme qui était dans la cellule à côté de la sienne, j'entendais ce Tunisien faire l'appel à la prière. Alors on raccrochait le temps de faire la prière et on reprenait un peu plus tard. Plus tard, les surveillants ont demandé le Tunisien de mettre fin aux appels à la prière, autrement ils l'enverraient au mitard, et il l'a fait.

Un jour, le Contrôleur général des lieux de privation de liberté a visité Fleury et les détenus ont eu l'opportunité de lui exposer leurs doléances. K'mel lui a envoyé un courrier pour demander s'il lui était possible d'obtenir des tarifs plus bas pour des appels téléphoniques passés depuis des cabines de la promenade. Les marchés pour la téléphonie fixe sont gérés par les sociétés privées externes qui appliquent des tarifs prohibitifs, de sorte que la plupart de détenus se procurent un téléphone portable pour communiquer avec leurs proches. Ces derniers sont normalement interdits en détention pour éviter que les détenus intimident des témoins, compromettent les enquêtes ou gèrent des trafics à l'extérieur. Pourtant, ils sont introduits en prison soit lors des parloirs, soit par des surveillants corrompus, soit par des « lanceurs », des mineurs payés à lancer des objets à travers les murs de la promenade contre une indemnisation financière. Les surveillants laissent faire car les détenus restent calmes avec leurs téléphones et leur consommation de cannabis. Sans ça, ils deviendraient incontrôlables.

Un jour, K'mel a entendu une dispute entre en surveillant et un détenu :

« On vous laisse fumer le shit, on vous laisse vos téléphones, que voulez-vous de plus ? »

« On veut la liberté », a répondu le détenu.

La société Sagi détient le monopole de l'exploitation des points phone dans les prisons françaises. Selon l'Observatoire international des prisons, la Sagi récupère les bénéfices sur la vente des communications téléphoniques et facture aux détenus les frais liés aux écoutes, enregistrements et archivages des conversations. Cette scandaleuse violation de l'intimité des détenus a été sanctionnée par le Conseil d'État (arrêt n°418788 du 14 novembre 2018)[15] mais il faudra patienter encore longtemps avant que le prix des communications baisse dans les prisons. Ainsi, les détenus s'arrangent à faire entrer des portables en prison pour garder les liens avec leurs proches, se montrant de plus en plus inventifs, en se faisant livrer par des drones ou en faisant entrer au parloir des montres connectées.

Notre avocat nous a conseillé de ne surtout pas prendre un portable car ça pourrait compromettre notre dossier d'aménagement de peine, alors K'mel téléphonait pendant la promenade, toujours pendant les heures de bureau. Parfois je me trouvais en réunion avec le global management, une fois dans une réunion de crise consacrée au Brexit et son impact

---

[15] Marie Crétenot, *Des échanges sous surveillance, des appels au prix fort*, Observatoire international des prisons, 4 mars 2019.

sur notre activité, vu que les chambres de compensation avec lesquelles nous travaillons sont presque toutes basées à Londres. Alors, j'ai coupé le microphone sur mon téléphone pour pouvoir prendre l'appel de K'mel. Mes collègues me charriaient, ne comprenant pas pourquoi mon copain ne m'envoie pas des textos pendant les heures du travail. Je leur répondais que son signe astrologique était le scorpion et que sa possessivité pourrait le pousser à me quitter si je ne décroche pas. On riait et on passait à autre chose, mais je marchais sur le fil du rasoir, ils pouvaient deviner la raison pour laquelle je ne peux pas le rappeler un peu plus tard.

K'mel devait être le seul détenu qui n'avait pas de portable, qui appelait ses proches occasionnellement avec ceux des autres et qui était sensible à la problématique des prix des télécommunications.

Quelques jours plus tard, le Contrôleur général des lieux de privation de liberté est venu le visiter dans sa cellule. Il s'est assis en face de lui et ils ont discuté pendant un quart d'heure.

« Votre courrier a été très intéressant, je dois l'avouer. Je tenais à venir vous rencontrer en personne. »

« Merci. Le prix des communications est prohibitif. Ma famille m'envoie 200,00€ par mois et la moitié de cette somme part dans les communications téléphoniques. Ce n'est pas normal, au XXIème siècle, à l'heure des communications gratuites. Surtout vu que les détenus sont une population vulnérable, qui gagne une misère ou qui reste à la charge de leurs familles. »

« Vos remarques sont très pertinentes, je vais les remonter. Je ne peux pas vous promettre que mon action portera des résultats dans l'immédiat, mais il y aura peut-être une amélioration de la situation dans les années à venir. »

« C'est tout aussi bien, même si c'est perdu pour moi, car ça servira à d'autres qui viendront après moi. »

Le contrôleur a été fasciné.

« Vous êtes détenu depuis combien de temps ? »

« Depuis le mois de mai. »

« Ça ne fait pas très longtemps... Comment avez-vous fait pour obtenir une cellule individuelle aussi rapidement ? »

« J'ai fait une demande par courrier. »

« Qu'est-ce que vous avez écrit dans votre courrier ? Ça devait être très convaincant. »

« Je ne sais pas trop... Vous-même, vous êtes venu me voir aussi. »

K'mel passait son temps à étudier, à lire, à regarder la télé, à faire du sport et à faire la prière. Il cantinait le coca zéro qu'il n'aimait même pas, pour penser à moi.

Je passais mon temps à travailler, à faire les démarches pour le faire libérer et à m'informer sur le monde carcéral. J'achetais de l'eau minérale pour penser à lui, même si j'ai toujours bu l'eau de robinet.

Je lisais tous les articles d'actualités publiés sur les détenus et les affaires judiciaires, je consultais les rapports de contrôleurs de prisons et les blogs des avocats, je regardais les documentaires sur les prisons en Amérique latine et aux Etats Unis, je visitais les sites des ONG qui luttent pour les droits des détenus, j'écoutais les chansons qui parlait de la prison... Avant, je ne me rendais même pas compte qu'il y en avait autant. *Jailhouse rock* d'Elvis Presley, *18 and life* de Skid Row, *Cry for freedom* de Whitelion, *Niggaz In Tha Pen'* de 2Pac, *Short Life Of A Gangsta* de Lifers Group, *Locked up* d'Akon, *La Prison* de Busta Flex, *La rue puis la prison* de Mister You, *La lettre* de Lunatic, *Parloir fantôme* de Rim'k et Sefyu, *Wesh les taulards* de Shtar Academy, *72H* de Hanibal, *Era na sira i maggiu* de Salvatore Macheda,[16] *Ideš za Kanadu* de THCF et Coby...[17]

> « *Pourquoi ne suis-je pas un oisillon pour m'envoler*
> *Pour voir si dehors quelqu'un m'attendrait ?*
> *Mère, vends le cheval et le cocher*
> *Et fais sortir ton fils prisonnier... »* [18]

Ma vie a commencé à graviter autour de la question carcérale, je suis devenue obsédée. A tel point que j'ai commencé à faire des erreurs. Lors d'un déjeuner avec les collègues qui travaillent dans le risque et la conformité, on évoque les manières de se protéger des cambriolages et la question est posée si c'est mieux d'installer un coffre-fort chez soi ou d'en louer un dans une banque. La meilleure solution, disent les collègues, c'est de cacher les objets de valeur dans l'appartement, dans un endroit insoupçonnable. « Dans la porte du frigo, comme lorsqu'on cache un portable en prison, » j'ai lâché la petite phrase qui a étonné mes collègues, eux qui pensaient que les portables étaient interdits en prison.

Le 1ᵉʳ août, un évènement exceptionnel s'est déroulé à l'aéroport d'Orly. Deux rappeurs français, Kaaris et Booba, devaient partir en Espagne pour organiser leurs concerts respectifs et ils se sont croisés dans la salle d'embarquement. Évidemment, une bagarre a éclaté entre eux et entre les membres de leur staff, causant des retards de vols et des dégâts matériels dans les free shops. Ils ont renversé des présentoirs avec des produits, lancé des flacons de parfum comme des projectiles et effrayé des passagers présents. Tous ont été emmenés en garde à vue, puis incarcérés, Booba à

---

[16] Une chanson de la mafia calabraise

[17] THCF et Coby sont des rappeurs serbes et leur titre *Ideš za Kanadu* (Tu pars pour le Canada) parle du clan de Zemun, une organisation criminelle belgradoise responsable de l'assassinat du premier ministre serbe Zoran Djindjic.

[18] THCF feat. Coby, *Ideš za Kanadu,* Dosije Zemunski kartel, Prva TV, 2015.

Fleury et Kaaris à Fresnes. Parmi eux se trouvait l'artiste haïtien de Miami, Gato da Bato.

A présent, toutes les ménagères de la France profonde ont entendu parler de Booba et de Kaaris. Mes collègues se sont mis à me charrier parce que j'écoute du rap et à critiquer les artistes qui donnent une très mauvaise image aux jeunes. Lors d'un déjeuner, un collègue a consulté le texte du *Zoo* de Kaaris sur son portable et s'est mis à le lire devant nous. C'était très gênant de l'entendre lire ce texte truffé de termes orduriers parmi les banquiers habillés en costumes impeccables, avec son accent purement parisien. Lorsqu'il a terminé, il m'a demandé comment j'arrive à écouter des textes aussi vides de sens. Je lui ai expliqué que le rap était très contestataire et politique, dressant un constat terrible de la violence de l'état sur les citoyens. Peu importe, mes collègues ont continué à me charrier dans les prochains mois. J'ai ajouté aussi que la bagarre était probablement orchestrée par les maisons de disques pour booster les ventes de leurs albums qui allaient prochainement sortir. Pendant que les rappeurs américains s'entretuent dans les guerres de gangs, les rappeurs français se lancent des flacons de parfum car ils ont de la classe.

Mes rapports avec mes collègues ne sont pas très faciles, surtout depuis le jour où nous avons parlé de la Coupe du Monde en football lors d'un déjeuner. J'ai dit qu'il était dommage que Karim Benzema, l'un des meilleurs joueurs au monde, n'ait pas été sélectionné, en oubliant pour une seconde le passé colonial de la France et ses douloureux souvenirs de l'Algérie. Je ne me rendais pas compte à quel point il était haï par les français à cause de tout ce qu'il représente. Tout a commencé en 2015, lorsque les médias ont fait remarquer que certains joueurs de l'équipe nationale de football – dont Benzema – ne chantent pas la Marseillaise avant le match. Je me disais qu'il ne savait peut-être pas chanter juste, ou qu'il ne connaissait pas bien les paroles ; toujours est-il qu'il a été victime d'un mauvais procès. Un peu plus tard, un autre joueur de l'équipe nationale, Mathieu Valbuena, a été victime d'un chantage concernant une sextape particulièrement sordide dans laquelle il apparaissait, à en croire les internautes, tenu en laisse pour chien. Inquiet pour son coéquipier, Karim Benzema lui a conseillé de payer le maitre chanteur et ne pas laisser fuiter une telle atteinte à sa réputation. Un nouveau scandale a éclaté et Benzema a été mis en examen pour complicité, alors qu'il était innocent et reconnu comme tel par la justice quelque temps plus tard. Mais le mal était fait, plus personne ne voulait voir Benzema jouer dans l'équipe de France, mis à part les supporteurs d'origine maghrébine. En étant parfaitement neutre, je ne pouvais pas comprendre qu'un joueur aussi célèbre puisse être exclu de la sélection nationale, alors qu'il n'était pas condamné dans cette affaire et devait bénéficier de présomption d'innocence. Mes collègues ont évoqué l'esprit d'équipe qui ne permettait pas d'engager des fortes personnalités ; d'autres ont clairement dit que Benzema était une « racaille » et en tant que tel ne pouvait pas représenter le pays. Scandalisés par ma neutralité et mon refus de suivre l'avis majoritaire, ils m'ont longtemps sermonné. Bernard, le seul analyste d'affaires avec qui je partageais le même client, m'a dit à la fin : « En fait, tu n'es même pas intégrée en France ! »

En réalité, l'affaire Benzema était purement politique. Sur son compte Instagram, mon rappeur préféré Booba a résumé l'état d'esprit de tous ceux qui, par solidarité, ont fini par ouvertement supporter l'équipe adverse, celle de la Croatie : « Donc ils ne t'ont pas pris... Innocenté dans l'affaire Valbuena mais ils ne t'ont pas pris... Tu es dans le top 5 des meilleurs joueurs français mais ils ne t'ont pas pris... Sans aucune raison valable ils ne t'ont pas pris... Accusé à tort ils ne t'ont pas pris... Zidane doit se gratter le scalp car ils ne t'ont pas pris... Il sait au fond de lui pourquoi ils ne t'ont pas pris... Et moi aussi et vous aussi... One two three ils ne t'ont pas pris... Au moins tu es resté toi-même et ça, ça n'a pas de prix. » Issue d'un pays qui n'a jamais colonisé un autre, je ne pouvais pas imaginer que la blessure était encore aussi profonde et que les français ne pouvaient pas cautionner des propos non conformes à l'avis majoritaire.

Après cet incident, Bernard a commencé à se plaindre de la qualité de mon travail à ma hiérarchie. Il voulait que je réalise des macros sous Excel pour automatiser certaines tâches pour le Middle Office, chose que j'ai refusé. Je n'ai jamais appris à faire les macros car je n'en ai jamais eu besoin ; la plupart des banques interdisent de programmer dans VBA car n'importe qui peut entrer dans le code et générer le risque opérationnel. C'était aussi le cas de notre banque actuelle, où toutes les macros devaient être déclarées, justifiées et approuvées par un service externe basé au siège et contrôlé par le service de conformité. Notre client refusait de développer une solution coûteuse pour automatiser les transactions et nous réclamait des adaptations manuelles, qui étaient risquées et ne pouvaient jamais représenter une solution viable si le volume des transactions augmente. Bernard a fait en sorte que je sois envoyée en formation en bureautique pour plusieurs jours, chose qui était particulièrement humiliante pour mon niveau de compétence. Je ne voulais pas faire des vagues et j'ai obéi, considérant ces quelques jours de formation inutile comme des vacances.

D'apparence jovial et taquin, toujours souriant et de bonne humeur, Bernard est machiavélique et capable du pire pour parvenir à ses fins. Je l'ai compris dès le départ, car j'ai remarqué qu'il parlait souvent derrière le dos des autres. Des Bernard, il y en a dans toutes les entreprises, tous les services et tous les métiers. Ceux qui veulent réussir aux dépens des autres, en faisant remonter une incompétence, réelle ou supposée, à la hiérarchie, dans l'esprit de délation bien français. Je l'ai compris assez tôt, lors de ma première expérience professionnelle, en entendant les paroles d'une collègue que je pensais être mon amie. « Il n'y a pas d'amitié au travail, nous sommes obligés de communiquer avec les collègues et de rester polis avec eux car nous sommes sous la contrainte. Nous avons signé un contrat de travail nous obligeant d'être près des gens avec lesquels nous n'avons aucune affinité. » Une entreprise, c'est comme une pyramide où il y a beaucoup de place à la base et trop peu de places au sommet. Pour atteindre le sommet, il faut escalader sur les autres, donner des coups de coude, faire des croche-pieds, calomnier, ruser, mettre en place des stratégies de dénigrement, se rendre disponibles pour les managers et faire semblant qu'on les apprécie, quand on veut être à leur place. Le piège est réel pour les naïfs, car on passe quarante heures par semaine entouré de ces gens sous la contrainte de nous sourire, quand en réalité ils nous haïssent. On crée des liens avec eux, on déjeune avec eux pour montrer que nous sommes intégrés, quand en réalité ils nous donnent presque la nausée. Alors les naïfs et les faibles croient que ces sourires sont vrais, que leurs collègues sont leurs amis, et finissent par ouvrir leur cœur et raconter leur vie. Cette erreur fatale leur coûte leur avenir professionnel et parfois même leur poste. C'est en observant ces phénomènes que j'ai développé une autre stratégie, celle d'évoluer dans ma carrière en changeant régulièrement de poste, puisque la promotion interne signifie qu'il faut d'anéantir les autres. Je n'ai pas de temps pour imaginer des stratégies de discrédit pour les autres, je préfère le consacrer à quelque chose de créatif. C'est pour cela que Bernard est un simple détail pour moi ; s'il y a quelque chose à apprendre, je le prends et je passe à la nouvelle étape.

A cette époque, K'mel s'est mis à faire des rêves prémonitoires. Peu avant l'incarcération de Booba, il a rêvé qu'il l'a rencontré en promenade, et voilà que son rêve s'est réalisé. Il a également rêvé qu'il a croisé notre avocat au parloir, qui était aussi l'avocat de Jawad Bendaoud, et ce dernier lui aurait dit de patienter, le temps qu'il emmène Jawad dans sa cellule, et qu'il reviendrait le voir. Quelques jours plus tard, Jawad est retourné en prison, cette fois-ci pour avoir menacé de mort sa compagne. A plusieurs reprises, il rêvait de sa propre libération et j'espérais que ce rêve allait, lui aussi, être prémonitoire.

C'était bizarre de savoir que notre artiste français préféré était détenu à quelques dizaines de mètres de K'mel, au bâtiment D3. J'ai demandé aux surveillants à Fleury s'il était possible d'obtenir son numéro d'écrou pour lui écrire et apporter mon soutien, mais ils ont refusé de le communiquer sous prétexte que je n'étais pas de sa famille. Puis j'ai contacté son avocat, Me Yann Le Bras, pour demander le numéro d'écrou, mais quelques jours plus tard il a été relâché sous caution, en attendant son procès.

Malgré ces actualités pleines de rebondissements, l'été s'annonçait long et ennuyeux. Tout comme K'mel, j'étais détenue, incapable d'avancer, de faire des projets, de sourire à la vie. Un par un, mes collègues sont tous partis en vacances et je suis restée seule au bureau, avec deux stagiaires. Je ne pouvais pas aller en vacances sans K'mel, je ne pouvais pas m'amuser sans lui et le seul plaisir que je trouvais était dans la musique. Je m'anesthésiais avec les textes violents, je me droguais avec du café, je devenais de plus en plus insomniaque et irritée. Le matin, je prenais des transports pour aller au travail en mode gladiateur, je m'engouffrais là où il n'y avait pas de place, je devenais trop brutale et ça me faisait peur. Le dimanche, je m'écroulais de l'épuisement et je dormais jusqu'à 16h d'après-midi, pour rattraper la fatigue accumulée dans la semaine. Les nouvelles qui tombaient étaient de plus en plus mauvaises, j'encaissais des coups de tout part et j'avais l'impression d'être entourée de vautours qui viennent constamment arracher le peu de chair qui me restait.

Nous sommes le 3 août, un vendredi matin, le jour où je me réveille aux aurores pour appeler le standard de Fleury et réserver un parloir. Je suis stressée comme toujours, j'ai deux téléphones collés à mes oreilles et un troisième dans la main. La musique stridente me fait mal à la tête, j'ai hâte que quelqu'un décroche pour mettre fin à ce calvaire. Soudain, je reçois un texto d'un numéro inconnu. « Salam, c'est Rayan le frère de K'mel, peux-tu me rappeler ? Merci. »

Je lui réponds par texto que je suis déjà en ligne pour réserver le parloir et que je le rappellerai lorsque j'aurais terminé. Une demie heure plus tard, je l'ai en ligne.

« Tu sais, lorsque ma mère est allée voir mon ami, M. Hamdi qui gère la société de transports, j'étais en Tunisie et je n'étais pas au courant qu'elle est partie le voir, elle ne m'a même pas consulté. »

« Pourquoi, il fallait te consulter ? »

« Je connais très bien monsieur Hamdi, c'est mon ami d'enfance. Il a beaucoup de problèmes avec sa société car ses propres frères l'ont abandonné. Ils ont créé l'entreprise avec lui et maintenant ne veulent plus travailler ensemble. Il ne fait plus confiance à personne. Alors il ne peut pas prendre des risques et s'avancer là où il pourrait avoir davantage d'ennuis. »

« Tu veux dire quoi par-là ? Des difficultés financières s'il recrute un nouveau salarié ? Il pourra bénéficier des aides de l'état s'il embauche un chômeur de longue durée. »

« Non... Je ne parlais pas de ça. Je connais mon frère, je sais qu'il n'est pas fiable. Combien de fois je lui ai trouvé du travail et il l'a toujours abandonné... J'ai voulu le recruter dans ma propre société et il a arrêté au bout d'un mois. Tu sais très bien qu'il n'est pas fiable. »

« La seule raison pour laquelle il a abandonné ses emplois précédents, c'est parce qu'il n'était pas payé ou parce qu'on refusait de lui faire signer un contrat. Dans ces circonstances, n'importe qui aurait abandonné. »

Il fut un temps où Rayan lui-même avait engagé K'mel dans sa propre société pour travailler pendant douze heures par jour sans pause déjeuner, pour un salaire journalier de seulement quinze euros.

« Tu te souviens quand il est rentré dans la vitrine d'une boutique avec sa voiture car il a oublié de mettre le frein à main ? C'est monsieur Hamdi qui a réparé la voiture dans son garage, alors il connait bien K'mel... Il ne pourrait pas lui confier un véhicule de livraison qui coûte une fortune. »

« Ton frère a beaucoup changé. Pour commencer, ça fait un an et demi qu'il a arrêté de fumer le cannabis. Mais tu ne pouvais pas le savoir, tu ne l'as pas vu depuis toute cette période. »

« Je connais très bien mon frère, je sais qu'il n'est pas responsable. Mais je comprends la situation, laisse-moi lui trouver quelqu'un d'autre qui pourrait le recruter. »

« Peu importe, ton ami a signé une promesse d'embauche qui vaut le contrat. Il ne peut plus se rétracter, nous avons déjà remis tous les documents à l'avocat et le dossier a été envoyé au tribunal. Ta mère et moi avons versé une fortune en honoraires d'avocat. Je suis désolée, mais on ne peut plus retourner en arrière. »

Je devais me préparer pour partir au travail et nous avons mis fin à la discussion.

Le soir, je suis allée acheter des gâteaux pour la mère de K'mel car c'était son anniversaire. Il me l'avait demandé quelques jours auparavant par courrier, car il ne pouvait pas lui faire ce plaisir lui-même. J'ai évidemment accepté avec joie et j'avais hâte de la voir, puisque la voir en absence de K'mel me donnait l'impression de voir une partie de lui-même.

Or, en arrivant devant sa porte, j'ai entendu des cris d'une orageuse dispute qui faisait trembler les murs de cette résidence sociale mal isolée.

Je n'ai pas voulu rester devant la porte en attendant que les cris cessent, j'ai sonné à la porte et on m'a ouvert. La mère de K'mel a haussé le ton en discutant avec quelqu'un au téléphone, j'ai seulement compris quelques fragments mais j'ai saisi qu'il s'agissait de K'mel. Au bout d'un moment, furieuse, elle a lancé en français « qu'il finisse sa peine » puis elle a continué à argumenter avec la personne. J'ai fini par comprendre qu'elle parlait avec Nasser.

Lorsqu'elle a raccroché, elle m'a dit en larmes que monsieur Hamdi s'est désisté de sa proposition d'embaucher K'mel et que tout était perdu.

J'ai senti un malaise, comme si une chape de béton était posée sur ma tête, pendant que mes poumons manquaient d'air. Comment diable est-ce possible ? Mais pourquoi ? Qu'allons-nous pouvoir faire maintenant ?

Evidemment, nous pouvions trouver une autre promesse d'embauche et tout recommencer. Mais nous avons déjà perdu trois mois, nous avions fait une erreur de tout miser sur cette option, alors qu'il y avait probablement bien d'autres. Nous avons déjà versé mille euros chacune à l'avocat et ça me faisait très mal car la mère de K'mel était d'origine modeste, elle percevait une petite retraite et ne pouvait se permettre de perdre une somme aussi colossale. J'avais proposé de payer la totalité des frais d'avocat, mais elle a refusé, elle voulait se sentir impliqué dans les problèmes de son fils et voulait aider autant qu'elle le pouvait. J'ai fini par demander K'mel l'autorisation de la laisser payer la moitié des honoraires car sa mère voulait ainsi exprimer son amour pour lui. J'avais surtout mal au cœur car c'était son anniversaire et elle était en train de pleurer. Quant à K'mel, mon cœur saignait car je savais que cette nouvelle allait lui faire du mal. Après avoir raté son baccalauréat, il avait tellement besoin à s'accrocher au moindre espoir.

« Je n'aimerais surtout pas me mêler de cette histoire car vous êtes déjà très nombreux à intervenir, » ai-je dit à ma future belle-mère, « mais si vous voulez, je lui parlerai aussi. Il se peut qu'il accepte de négocier avec une personne extérieure, qu'il ne connait pas. Qu'en pensez-vous ? »

« Oui, tu peux lui parler, puisqu'il n'y a plus rien à perdre. »

Alors elle m'a donné le numéro de M. Hamdi et je l'ai appelé avec mon portable, pour lui demander de reconsidérer sa position. Je me suis présentée en tant que fiancée de K'mel et que je l'appelais au sujet de la promesse d'embauche qu'il a signé. Il m'a répondu frontalement qu'il a déjà tout expliqué à sa mère et qu'il n'avait plus rien à ajouter. J'ai ajouté que nous avons déjà envoyé sa promesse d'embauche, son K-bis et sa pièce d'identité au tribunal, qu'une audience était prévue prochainement et que son désistement nous causait un préjudice financier et moral. Il m'a répondu que la pièce d'identité qu'il nous a donné n'était pas la sienne et il m'a raccroché au nez.

Ensuite, il a appelé la mère de K'mel pour la sermonner et lui demander de ne plus jamais donner son numéro de téléphone à quiconque.

Elle était en pleurs, incapable de comprendre ce que lui arrivait. J'assistais alors à la première grande dispute familiale qui allait impliquer tout le monde.

Rayan avait-il dit quelque chose à monsieur Hamdi qui a motivé son désistement ? Non, je me suis dit, ce n'était pas possible, car il n'aurait pas pu faire une chose pareille à son petit frère. Il y avait aussi la possibilité que monsieur Hamdi s'est désisté car il a pu avoir d'autres soucis. En apprenant que son ami s'est désisté, par fierté, Rayan a dû vouloir me faire comprendre que ce contrat n'était pas une bonne affaire et que nous allions trouver une meilleure issue.

Alors j'ai rédigé un texto pour monsieur Hamdi et je l'ai montré à la mère de K'mel avant de l'envoyer. Elle l'a lu et a autorisé qu'il soit envoyé. C'était un message courtois mais ferme, une sorte de lettre recommandée avec un avertissement, puisque nous n'avions plus rien à perdre.

« Bonsoir monsieur Hamdi,

La promesse d'embauche que vous avez signée vaut le contrat de travail. Elle vous engage à recruter la personne selon les conditions évoquées et sa rupture engage votre responsabilité devant les tribunaux. Vous pourrez demander la confirmation à votre avocat. Réfléchissez bien avant de vous engager sur cette voie. Vous nous avez déjà remis votre pièce d'identité et la copie de votre K-bis pour prouver votre sérieux. Le dossier est déjà parti au juge et on ne peut plus se rétracter aussi facilement sans conséquences.

Faites-vous conseiller et revenez moi une fois c'est fait. Bonne soirée et à très bientôt.

Natasha »

Après ce message, s'il décide de ne pas recruter K'mel, on l'attaquera aux prud'hommes et on demandera des dommages et intérêts.

« Fait le payer, s'il te plaît, » le père de K'mel m'a-t-il dit, lui qui parlait si rarement.

« Je vous le promets, je ne le lâcherai pas. »

7·

Le vendredi 23 août, à 8h41 du matin, K'mel a reçu en main propre la décision de la juge d'application des peines de Paris, Jessica Elizabeth, celle de lui refuser l'aménagement de sa peine. Le document intitulé « Irrecevabilité de la demande d'aménagement de peine » disait ceci :

« Il résulte de la fiche pénale synthétique que, à ce jour, alors qu'il n'a pas encore été statué sur la requête en confusion de peines, l'intéressé exécute les trois premières susvisées en détention, à la maison d'arrêt de Fleury Mérogis. Dès lors, la saisine du juge de l'application des peines dans le cadre des dispositions de l'article 723-15 du code de procédure pénale – qui vise l'aménagement de peine des 'personnes non incarcérées ou exécutant une peine sous le régime de semi-liberté, du placement à l'extérieur ou du placement sous surveillance électronique' – n'est plus recevable concernant la condamnation susvisée résultant du jugement rendu le 19 janvier 2017 par le tribunal correctionnel de Paris. La peine afférente peut ainsi être mise à l'écrou par le procureur de la République près le tribunal de grande instance de Paris. Par ces motifs, le juge d'application des peines, statuant en chambre de conseil, sans débat contradictoire et au premier ressort ; DECLARONS IRRECEVABLE, sur le fondement des dispositions de l'article 723-15 du code de procédure pénale, la demande en aménagement de la peine de DEUX ANS d'emprisonnement à laquelle il a été condamné suivant le jugement rendu le 19 janvier 2017 par le tribunal correctionnel de Paris ; DISONS que la peine sus-évoquée peut être mise à l'écrou par le procureur de la République près le tribunal de grande instance de Paris ; RAPPELONS que la présente ordonnance est susceptible d'appel DANS UN DELAI DE VINGT-

Très déçu, K'mel m'a aussitôt appelé lors de la promenade pour m'en informer. Il a promis qu'il m'apporterait le document le lendemain au parloir. Une fois j'ai lu la décision, je me suis rendue compte qu'elle était incompréhensible. Elle ne mentionnait pas la totalité de l'article 723-15 du Code de procédure pénale, qui dit ceci : « Les personnes non incarcérées ou exécutant une peine sous le régime de la semi-liberté, du placement à l'extérieur ou du placement sous surveillance électronique, condamnées à une peine inférieure ou égale à deux ans d'emprisonnement ou pour lesquelles la durée de la détention restant à subir est inférieure ou égale à deux ans, ou pour lesquelles, en cas de cumul de condamnations, le total des peines d'emprisonnement prononcées ou restant à subir est inférieur ou égal à deux ans bénéficient, dans la mesure du possible et si leur personnalité et leur situation le permettent, suivant la procédure prévue au présent paragraphe, d'une semi-liberté, d'un placement à l'extérieur, d'un placement sous surveillance électronique, d'un fractionnement ou d'une suspension de peines, d'une libération conditionnelle ou de la conversion prévue à l'article 132-57 du code pénal. Les durées de deux ans prévues par le présent alinéa sont réduites à un an si le condamné est en état de récidive légale. »

Pour traduire en langage courant, la demande d'aménagement de peine avait été envoyée par l'avocat dès le 29 mars 2017, avec les arguments et textes de loi valables pour les personnes non incarcérées. K'mel n'aurait jamais dû être incarcéré pendant la durée d'instruction de sa demande d'aménagement de peine. Mais il a été écroué en avril 2018 et sa demande a été rendue caduque. A présent, il lui fallait déposer une nouvelle demande et respecter les nouveaux délais. Si la nouvelle demande était envoyée trop tôt, alors que le quantum de la peine à effectuer était supérieur à deux ans, elle serait de nouveau rejetée. Je me suis rappelée avec amertume des propos du substitut du Procureur de la République, madame Viallatte de Pemille, qui a dit à K'mel, *« la place d'un criminel comme toi est derrière les barreaux. »* Or, elle n'avait pas à l'envoyer à Fleury avant que la justice ne statue pas sur sa demande d'aménagement de peine. Elle n'a pas respecté la procédure et lui a volontairement enlevé toute chance de s'en sortir.

Un autre problème est le délai extrêmement court qui a été fixé pour faire appel de cette décision de justice. Comment pouvez-vous réagir si vous avez seulement vingt-quatre heures pour le faire, à compter de sa notification ? Comment faire appel en si peu de temps, si on est en détention, si on ne peut pas téléphoner en dehors des heures de la promenade et si on a droit d'appeler seulement quatre numéros ? Pour quelle raison la justice met des mois à vous répondre lorsque vous la saisissez, puis vous accorde le délai de seulement vingt-quatre heures pour faire appel à sa décision, à vous qui n'êtes pas un professionnel de droit ? Il est clair qu'aucun détenu ne serait en mesure de faire appel dans une situation similaire.

Au début de la semaine suivante, le nouvel avocat m'a expliqué au téléphone que la demande d'aménagement était rejetée car la requête en confusion de peines était encore en cours. Il m'a proposé de relancer le tribunal de Paris afin d'obtenir une audience pour la confusion, puis de nous désister de cette demande si on obtient une date pour l'audience d'aménagement. Selon lui, la requête en confusion de peines bloquait la procédure d'aménagement car les peines n'étaient pas encore définitives. Mais alors pourquoi K'mel était-il incarcéré si elles ne l'étaient pas ?

La demande de confusion de peines a été faite en février 2017 et nous étions fin août 2018. Au-delà de deux ans d'attente pour une audience au tribunal, il est possible de condamner l'état pour violation des droits de l'homme. Alors j'ai décidé d'intervenir, car j'ai eu le sentiment que l'avocat n'était pas suffisamment compétent pour gérer notre dossier. J'ai écrit à la fois au juge et au président du Tribunal de grande instance de Paris, puis au Ministère de la justice, afin de demander une audience le plus rapidement possible. Sans détour, j'ai laissé entendre que j'engagerai des poursuites contre l'état si nous n'obtenons pas une date pour l'audience dans les plus brefs délais :

> *« Dans son article 6, la Convention européenne des droits de l'homme stipule que 'toute personne a droit à ce que sa cause soit entendue équitablement, publiquement et dans un délai raisonnable.' À titre d'exemple, en 2011, le délai moyen pour obtenir une décision de justice était de de 7 mois devant le tribunal de grande instance. A présent, notre requête en confusion des peines rend impossible toute tentative d'aménagement de peine et nous n'aimerions pas nous désister de notre requête seulement pour pouvoir continuer avec nos autres démarches de réinsertion. Ainsi je vous prie de bien vouloir nous rendre votre réponse dans les meilleurs délais. »*

Dix jours plus tard, une audience a été fixée pour le 13 décembre 2018. Si la procédure de confusion de peines était bloquante pour l'aménagement, il suffisait de la décaler après le 13 décembre. J'étais vraiment triste, car K'mel était éligible à un bracelet électronique probatoire à partir du 19 septembre 2018 et les délais de procédure n'allaient pas assez rapidement pour qu'il puisse en bénéficier.

A présent, il nous fallait patienter encore trois mois pendant lesquels rien n'allait avancer. Trois mois de désespoir, pendant lesquels aucune démarche n'était possible, trois mois avec notre vie entre parenthèses. Il semblait que le temps s'était arrêté, qu'il n'avançait pas, que le soleil avait pris congé et qu'une chape de plomb couvrait nos journées.

Dans un ultime geste de désespoir, K'mel a envoyé un courrier à Emmanuel Macron, le président de la République en place, pour demander une grâce exceptionnelle.

« Je purge actuellement quatre peines, trois de 6 mois et une de 24 mois, pour des faits commis en 2013 et 2014, j'ai commencé à les purger en mai 2018 donc presque quatre ans après les faits, et laissez-moi vous dire M. le Président qu'en quatre ans beaucoup de choses se sont passées et je ne suis plus le même homme qu'autrefois. Je me permets donc de vous expliquer ma situation afin que vous compreniez ma démarche et sachez que si je vous écris aujourd'hui c'est que je pense que vous êtes la seule personne qui peut m'aider dans cette situation. Il serait inutile de vous refaire le procès car je ne remettrai pas en cause les décisions des juges.

En 2014, au moment des faits, j'avais 22 ans, je vivais chez mes parents qui étaient déjà à la retraite et restaient le plus souvent au pays (Tunisie). J'avais un CDD de 6 mois dans un supermarché qui est arrivé à son terme. Comme toute personne je voulais ouvrir des droits au chômage en attendant de retrouver un emploi, or l'entreprise ne m'avait pas restitué les documents justifiant de ma fin de contrat, donc je n'avais pas pu effectuer les démarches auprès du Pôle Emploi. J'avais fait tout ce qui était possible pour récupérer mon dû (lettre recommandée, prud'hommes, commissariat, tribunal) et malheureusement aucune de ces démarches n'a apporté leurs fruits. Au bout de quelque temps j'avais baissé les bras car je m'étais retrouvé seul face à cette terrible situation et j'ai donc tourné la page avec la grande distribution. Je me suis reconverti en chauffeur VTC sous le statut SASU. Ayant mon entreprise j'ai voulu créer un site internet et avoir mes propres clients, j'avais été mis en relation avec un webmaster qui m'avait l'air sérieux que j'ai payé assez cher, sauf que mon site internet n'a jamais vu le jour. Ayant perdu mes économies, je me suis encore une fois retrouvé dans l'embarras, j'avais là aussi effectué de nombreuses démarches pour poursuivre cette personne en justice et là aussi rien n'a fonctionné.

Alors à 23 ans, sans revenus, j'avais mal agi pour récupérer mon dû, pour moi je ne voyais plus d'autre solution que d'agir seul, sauf que je n'avais pas réfléchi aux conséquences que cela aurait pu avoir. J'étais retourné au supermarché, au bureau de la DRH et fait un scandale et détruit son matériel de bureau et j'ai fait de même chez le webmaster. Bien évidemment ces personnes ont porté plainte, j'ai été condamné à 2 x 6 mois et des dommages et intérêts. A ce moment-là j'avais eu un sentiment d'injustice car je m'étais dit qu'avant d'en arriver là j'avais tout essayé et ces personnes sur une simple plainte ont obtenu des dommages et intérêts et j'ai tout de suite été condamné. Suite à ces deux histoires M. le Président, j'avais vraiment dérapé et effectué deux vols et j'ai aussi été condamné pour le 1er à 6 mois et le 2ème à 24 mois. En agissant de telle sorte M. le Président j'ai beaucoup perdu, à la suite de ces affaires j'ai été soumis à 2 ans de contrôle judiciaire avec toutes les obligations à respecter, j'ai dû passer en liquidation judiciaire pour ma société, ma licence de chauffeur m'a été retirée, je ne pouvais plus régler mon crédit, j'avais donc fait un dossier de surendettement et je me suis retrouvé au RSA.

A l'époque des faits j'étais fumeur de cannabis, entre temps je me suis fait soigner et voilà 2 ans que je ne fume plus et cette mauvaise passe est derrière moi. Je suis avec une copine que j'ai connu durant mes problèmes et qui m'a beaucoup aidé à les surmonter et aujourd'hui je construis ma vie avec elle et nous nous aimons et nous avons tous les deux un salaire (bon pour moi le RSA pour le moment).

Monsieur le Président, je vous demande donc s'il vous plaît une grâce exceptionnelle au moins pour les deux peines de 6 mois que j'ai eu pour le supermarché et pour le webmaster, de plus que je purge ces peines tellement longtemps après les faits que cela me déstabilise, j'espère que vous comprenez ma démarche et vous prie d'agréer ma lettre et mes sincères salutations et je respecterai votre décision. »

Depuis le jour où K'mel est tombé en prison, je n'ai pas réussi à me reposer ne serait-ce qu'un seul soir, car il y avait toujours un courrier à faire ou une démarche à terminer. A part les correspondances presque quotidiennes avec l'administration pénitentiaire, les avocats, les professeurs du D1 et les créanciers, il fallait gérer ses comptes bancaires, ses litiges avec les assureurs, ses réseaux sociaux... Evidemment, je lui écrivais, je lui décrivais en grand détail mes journées, pour lui donner l'impression qu'il était auprès de moi. Dans ces moments, je me sentais proche de lui et je savais que, lorsqu'il les lira, il se sentira libre. De temps en temps, je publiais des photos de son séjour à Londres pour faire croire qu'il était à l'étranger, je répondais à tous ses courriels et sms, je prenais tous ses appels, j'honorais ses rendez-vous professionnels... Je vivais sa vie, car il ne pouvait pas être présent lui-même.

Et pourtant, nous avions tort de penser que l'été apporterait un peu de repos. Les mauvaises nouvelles s'enchaînaient comme les soldats ennemis qui envahissent notre tranchée et qui ont déposé les snipers pour nous achever à coups de machettes.

Un soir, il m'a appelé avec le portable de Samir, l'homme qui était dans la cellule à côté de la sienne. Il m'a dit qu'on lui a fait signer un document pour choisir un autre établissement pour peine, plus adapté à la longueur de sa condamnation. Evidemment, il a refusé de faire le choix, en expliquant qu'il préférait rester à Fleury, car ses démarches pour aménagement de peine étaient toujours en cours. Bien que sa première requête eût été refusée une première fois, il a déposé une nouvelle requête courant le mois de juillet, en désignant le nouvel avocat. J'étais très triste en apprenant ces nouvelles, j'ai pleuré au téléphone, même si je savais qu'il fallait rester forte pour lui. Il avait besoin d'une femme forte auprès de lui, une femme capable de l'épauler, capable de lui apporter le soutien psychologique pendant qu'il était vulnérable. Je m'en voulais d'avoir craqué, mais j'avais été forte tellement longtemps que j'avais franchi les limites du supportable. Terrorisés, nous nous rendions compte tous les deux que sa condamnation allait durer, que nous n'allions pas nous revoir si tôt, que la sortie était devenue incertaine. Nous nous rendions compte que même Fleury n'était pas adapté à la gravité des faits qu'il a commis, qu'il allait devoir déménager et quitter les petits voleurs et trafiquants de cannabis pour rejoindre les grossistes, les violeurs et les meurtriers, condamnés à des peines plus lourdes.

Dès le lendemain, j'ai contacté notre nouvel avocat pour lui demander d'intervenir. Il a aussitôt envoyé un courrier à l'attention de la Direction et de la CPIP de la maison d'arrêt de Fleury-Mérogis. Il a expliqué que l'ensemble des proches de K'mel étaient domiciliés à Paris et région parisienne, de sorte qu'un éloignement géographique viendrait compromettre tout effort de maintien des liens familiaux. « Par ailleurs, il sera utilement porté à votre connaissance qu'un projet d'aménagement de peine a été rédigé à l'attention de Madame, Monsieur le Juge de l'application des peines en vue de la libération prochaine de celui-ci. Aussi, le transfèrement aurait pour conséquence une réorientation de son dossier et constituerait, incidemment, un frein à l'étude de sa demande retardant toute éventualité de libération. Les conséquences qu'emporterait un tel transfèrement sur ses situations personnelle et carcérale ne sont pas négligeables. Pour l'ensemble de ces raisons, je vous serais reconnaissant de bien vouloir suspendre toute mesure de transfert ainsi entreprise vers un centre de détention afin qu'aboutisse, dans les meilleurs délais, l'aménagement de peine sollicité par le détenu. »

Au même temps, une association de réinsertion d'anciens détenus, Wake Up Café, a rencontré K'mel au parloir et il a pu leur faire part de ses inquiétudes concernant le transfert. Ils ont été très aimables et ils m'ont aussitôt écrit, pour me rassurer. « Ne vous inquiétez pas pour le transfert en maison centrale, c'est à priori un document que tout le monde reçoit, et son profil ne correspond absolument pas à celui des détenus en maison centrale. » Au téléphone, ils m'ont expliqué que les délais de transfert étaient tellement longs que dans la plupart des cas les détenus finissaient leur peine à Fleury. Même si j'avais peur, j'ai été rassurée et touchée par leur humanité.

J'ai reçu un autre mail encourageant de la part de la CPIP de K'mel, qui disait qu'il était dans les délais pour faire une demande de permission de sortir « réinsertion professionnelle. » Il fallait juste rendre tous les justificatifs vingt jours avant la date de la commission. Alors nous nous sommes empressés d'appeler M. Hamdi pour organiser un entretien d'embauche et nous nous sommes autorisés à rêver. Elle a même promis de lui donner un avis favorable avant de transmettre la requête au juge d'application des peines.

K'mel a demandé que l'entretien soit fixé début novembre, le jour de son anniversaire, pour qu'il puisse organiser une petite fête familiale en même temps. Normalement, les permissions duraient une journée, ce qui laissait suffisamment de temps pour voir l'employeur et passer un peu de temps avec ses parents. La possibilité de sortir en permission nous a fait le plus grand bien, elle nous a donné beaucoup de l'espoir et soudain nous pouvions nous projeter. L'avenir était incertain, mais nous avions deux grands rendez-vous prévus, celui de l'entretien d'embauche et celui de l'audience en confusion de peines, qui confortaient notre insécurité et laissaient place à la certitude. Deux rendez-vous administratifs si banals, si quelconques, et pourtant, ils valent le monde aux yeux d'un détenu qui n'a rien. Un homme en attente, sans projets et sans avenir, qui a besoin d'un minuscule espoir auquel il pourrait s'accrocher.

Nous avions une troisième date importante que nous voulions fêter ensemble, date à laquelle aucun rendez-vous administratif n'était prévu, mais à partir de laquelle il pouvait bénéficier d'un bracelet électronique probatoire. Normalement, les gens peuvent bénéficier de la libération conditionnelle lorsqu'ils auront effectué la moitié de leur peine, mais un détenu modèle peut sortir en probatoire un an avant mi-peine, s'il y a un projet professionnel sérieux qui décourage la récidive. A partir de cette date, le 19 septembre 2018, K'mel n'était plus un simple détenu mais un détenu éligible à une libération sous surveillance électronique ou une sortie en semi-liberté.

Le temps pressait, il fallait qu'il sorte de toute urgence. En réalité, depuis que K'mel est tombé en prison, son père n'a cessé de faire des allers retours à l'hôpital, le plus souvent car il ne supportait pas la chimiothérapie et ne s'alimentait plus. Lorsqu'il a été hospitalisé pour un problème de pancréas, j'ai eu le pressentiment qu'il ne nous restait plus de temps, qu'il vivait ses derniers jours. Pour avoir perdu mon propre père suite à la même maladie, je savais qu'un cancer déjà répandu ne peut plus être opéré. En revanche, plus le malade est âgé, moins vite il se répand. Lorsqu'il est tellement disséminé et atteint les organes vitaux, il ne reste plus d'espoir, il n'y a plus beaucoup de temps. Le père de K'mel était malade depuis déjà deux ans et je vivais dans la hantise qu'il meure sans revoir son fils une dernière fois.

Tout l'été, je voulais demander la permission de sortie pour que K'mel puisse visiter son père à l'hôpital, mais je ne l'ai pas fait par superstition. Je n'avais pas envie de condamner son père, je pensais qu'on avait encore quelques mois de marge de manœuvre, que son père resterait vivant jusqu'à ce qu'il soit libéré. Je comptais sur la permission de sortie pour l'entretien d'embauche, qui dure une journée entière et qui lui permettra de voir son père au même temps.

J'ai tout de même posé la question à madame Barnier si les permis étaient possibles pour un proche qui est hospitalisé. Elle a répondu qu'il fallait espérer une permission uniquement si la situation était tellement critique que le pronostic vital était engagé.

Alors nous avons prié pour que la permission pour l'entretien d'embauche soit accordée par le juge d'application des peines. La juge habituelle du Tribunal d'Evry était en congé maternité et son remplaçant était encore inexpérimenté. Je pensais sincèrement que nous avions une chance. Malheureusement, il a vu que la date de libération prévisionnelle était très éloignée et remarqué que K'mel n'a même pas encore purgé la moitié, alors il a refusé la demande de permission. Le motif évoqué était le fait que K'mel ne travaillait pas en prison, ce qui était tout à fait normal puisqu'il était classé comme étudiant et préparait son baccalauréat.

Ce nouveau refus a anéanti nos espoirs d'une libération prochaine. Madame Barnier était absente et une conseillère inconnue m'a appelé pour m'annoncer la nouvelle. Je me suis réfugié dans un couloir pour discuter avec elle, espérant que personne parmi mes collègues ne m'écoutait. Je lui ai dit que nous comptions sur cette permission aussi pour qu'il puisse visiter son père à l'hôpital, désormais incapable de se déplacer au parloir, et que c'était dommage de punir ainsi les familles qui étaient innocentes et n'avaient commis aucun délit.

« Vous savez, il n'est pas à sa première condamnation et son casier judiciaire est très chargé. La fin de peine est très éloignée. Nous sommes conscients que les familles souffrent, mais c'est aux détenus d'expliquer à leurs proches que les séparations familiales sont le résultat de leurs actes. »

C'était la première fois qu'on me parlait d'une voix si détachée, si administrative. Je me suis sentie comme un numéro de dossier, comme un détenu qui se sent déshumanisé en recevant son numéro d'écrou. Evidemment que nous n'étions que des numéros, des dossiers sur le bureau d'un juge qui ne nous voyait pas, qui ne nous regardait pas dans les yeux. Comment rendre une décision juste sans connaître la personne, sans saisir ses motivations, sans entendre le timbre de sa voix ?

Nous étions déjà le 30 octobre, ça faisait presque six mois que K'mel était détenu. Le soir, j'ai reçu un appel d'un numéro inconnu. Un homme prénommé Raouf m'a dit qu'il était détenu à Fleury au quatrième étage et qu'on l'a chargé de m'appeler pour obtenir la réponse concernant la permission de sortie. Il a dit qu'il la transmettrait à travers la fenêtre, car sa cellule était au quatrième étage juste à côté de celle de l'imam qui faisait l'appel à la prière, qui lui était juste au-dessus de K'mel.

« La réponse a été négative, ils disent que la fin de peine était trop éloignée et qu'il ne travaillait même pas en prison. »

« Oh... C'est vraiment dommage. Ça veut dire qu'ils n'accepteront pas non plus la demande de bracelet électronique. »

« Pourquoi ? La permission est un test ? »

« Oui, un test pour voir comment le juge analyse ton dossier. Je ne vais rien te cacher, c'est très difficile d'obtenir une permission de sortie. J'ai déposé une dizaine de demandes et ils n'ont jamais accepté, même si je suis père de famille, même si j'ai deux enfants dehors. »

« Est-ce que tu travailles en prison ? »

« Oui, je travaillais dans un atelier. Mais quand ils ont refusé de me donner un bracelet électronique, j'ai arrêté de travailler. Ce n'est pas la peine, ça ne sert à rien. »

« Dites-lui qu'on fera appel, qu'on fera plusieurs demandes jusqu'à ce qu'elles aboutissent et qu'on ne lâchera pas. Qu'il garde le moral, l'avocat a été rassurant pour le bracelet. »

Un peu plus tard, j'ai écrit à Raouf pour demander comment K'mel a pris la nouvelle. Il m'a confirmé qu'il parlait tranquillement avec l'imam de la cellule du dessus.

Les jours sont devenus très longs. La rentrée scolaire avait déjà commencé pour tout le monde, sauf pour les détenus. Le nouveau directeur du bâtiment D1 avait du mal à recruter des professeurs et la rentrée ne pouvait toujours pas commencer. Je l'ai appelé à trois reprises pour m'assurer que K'mel ne sera pas oublié, mais c'était toujours la même réponse. Les professeurs ne restent pas longtemps à Fleury, tout comme les conseillers pénitenciers en insertion et en probation qui demandaient une réaffectation dès qu'ils le pouvaient. Après seulement un mois, madame Barnier a elle aussi quitté son poste, même si elle a chargé sa remplaçante, madame Michel, de m'appeler pour faire connaissance. K'mel avait refusé une formation et une réaffectation à un autre bâtiment réservé aux petites peines car il voulait rester avec madame Barnier ; tout ça pour rien. A chaque fois, il fallait reconstituer le dossier, renvoyer des documents actualisés, rappeler de temps à autre pour ne pas être oublié. Et pourtant, rien ne changeait, les gens étaient toujours aimables mais donnaient des promesses qui ne se réalisaient pas. On dirait que K'mel et moi étions isolés sur un échiquier, mal positionnés et vulnérables, pendant que toutes les pièces nous fonçaient dessus, y compris les pions et les fous, en hurlant « échec au roi ! échec au roi ! »

En prison, il était très important de s'occuper et de s'inscrire à toutes les activités proposées pour sortir au maximum de la cellule. Ainsi, K'mel s'est inscrit partout, à la bibliothèque, en atelier radio pour préparer une émission, à la salle de sport et même à la prière de vendredi organisée pour les musulmans. Il a été mis sur la liste d'attente pour la plupart de ces activités, car les moyens étaient limités et il n'y avait pas assez de place en salle de sport ou en salle de prière pour tout le monde. Les détenus étaient désespérés de décrocher des places dans n'importe quelle activité qu'il soit, juste pour pouvoir sortir de leur cellule et apporter un petit changement à leur quotidien. Un détenu que K'mel a croisé en promenade s'est même inscrit à la synagogue, alors qu'il était musulman, pour pouvoir sortir de sa cellule le samedi ; il y avait encore des places disponibles pour le culte israélite et il s'est porté volontaire.

Presque tous les soirs, j'écrivais des lettres à K'mel pour le soutenir moralement dans son épreuve. Parfois je les parfumais, parfois je les embrassais avec du rouge à lèvres pour laisser une trace de bisou, parfois je glissais des photos de nous ou des factures et tickets de caisse venant des endroits que nous avons visités ensemble. Des tickets de caisse de Sainsbury's à Londres où nous avons fait nos premières courses pour notre premier appartement, des tickets de train de Casablanca, des cartes d'embarquement pour notre vol à Miami... Lorsque j'étais trop épuisée, je les rédigeais au travail sous format Word, puis je les imprimais et envoyais dans la soirée.

Je désespérais d'être aussi loin de lui et ne pas pouvoir lui apporter mon soutien, surtout au moment où tout le monde le lâchait. Puis je me souvenais que Dieu était là pour lui et qu'Il veillait sur lui, comme Il a veillé sur Moïse quand sa mère l'a abandonné dans la rivière pour le sauver de la mort. J'ouvrais les pages du Coran et je pleurais dans ma solitude, m'efforçant de ne pas oublier la promesse d'Allah : « *Et Nous t'avons déjà favorisé une première fois, lorsque Nous révélâmes à ta mère ce qui fut révélé : 'Mets-le dans le coffret, puis jette celui-ci dans les flots pour qu'ensuite le fleuve le lance sur la rive ; un ennemi à Moi et à lui le prendra.' Et J'ai répandu sur toi une affection de Ma part, afin que tu sois élevé sous Mon œil. Et voilà que ta sœur (te suivait en) marchant et disait : 'Puis- je vous indiquer quelqu'un qui se chargera de lui ?' Ainsi, Nous te rapportâmes à ta mère afin que son œil se réjouisse et qu'elle ne s'afflige plus. Tu tuas ensuite un individu ; Nous te sauvâmes des craintes qui t'oppressaient ; et Nous t'imposâmes plusieurs épreuves. Puis tu demeuras des années durant chez les habitants de Madyan. Ensuite tu es venu, ô Moïse, conformément à un décret. Et je t'ai assigné à Moi-Même* » (20 :37-41).

Ne trouvant plus des mots justes pour le réconforter, j'ai envoyé à K'mel quelques versets de la Bible concernant l'amour de Dieu, mais aussi pour me consoler moi-même.

« Tu te souviendras de la phrase 'Je suis Celui Qui je suis', c'est des mots que Dieu a dit à Moïse quand il est allé dans la montagne de Sinaï pour recevoir les dix commandements. Je tenais à te les envoyer, pour te donner un peu d'espoir. Le Coran contient des versets similaires, je pourrais t'envoyer une compilation, car c'est important de te valoriser, de t'aider à faire confiance et garder l'espoir au quotidien. J'ai traduit ces quelques lignes d'anglais, donc ce n'est pas une citation mot pour mot, mais le sens est là. J'espère que tu vas apprécier :

'N'aie pas peur, je t'ai racheté. Je suis avec toi. Et sois sûr de ça : Je serais toujours avec toi jusqu'à la fin du monde. – Ne laisse pas ton cœur être troublé. Aie confiance en Moi. Je t'aiderai. Quand tu traverses les

eaux profondes, Je serais avec toi. Tes troubles ne vont pas t'envahir. Les épreuves difficiles qui viennent ne t'atteindront pas. – Ne te soucie pas. Même les cheveux de ta tête ont été comptés, alors nul besoin d'avoir peur de quoi que ce soit. Les montagnes peuvent partir et les collines trembler, mais mon amour constant pour toi ne s'arrêtera jamais. – Viens, je vais t'emmener dans la solitude et là je parlerai tendrement à ton cœur. Je serai vrai et fidèle. Je te montrerai mon amour constant et tu seras à moi pour toujours. Je vais tenir ma promesse... Et tu me connaitras comme jamais auparavant. Je suis Celui Qui Je suis. Je suis le Seigneur ton Dieu. – Je t'aime. Je t'ai appelé par ton prénom, tu es à moi. Avant de te former, je t'ai connu. Et avant que tu sois né, je t'ai consacré. Tu ne m'as pas choisi, Je t'ai choisi. – Parce que tu es précieux et honoré à Mes yeux, je t'aime. Comment pourrais-Je t'abandonner ? Mon amour pour toi est trop fort. – Une femme peut-elle oublier son propre enfant et ne pas aimer l'enfant qu'elle a porté ? Et pourtant, même si elle le ferait, Je ne t'oublierai jamais. Regarde, je t'ai gravé sur la paume de mes mains. Car Moi, le Seigneur ton Dieu, je te tiens par ta main droite' ».[19]

Après les parloirs, je visitais le père de K'mel avec sa mère et son frère Nasser. Je tenais beaucoup à le voir régulièrement, non seulement pour remplacer la présence de son fils, mais aussi parce que je voyais en lui une partie de K'mel. A chaque visite, son père se soulevait de son lit pour me prendre dans les bras, il me serrait fort et m'embrassait comme si j'étais déjà sa belle-fille. Je me souviens de l'un de ses regards, tellement plein de tendresse et d'amour que j'ai senti la reconnaissance

---

[19] Esaïe, 43: 1, 43: 5, Matthieu 28: 20, Jean 14: 1, Ésaïe 41: 14, 43: 2, Luc 12: 9, Matthieu 10: 30, Jérémie 54: 10, Cantique des Cantiques 2: 10 , Osée 1: 14, 19-20, Exode 3: 14, Osée 13: 4, Jean 15: 9, Ésaïe 43: 1, Jérémie 1: 5, Jean 15: 16, Ésaïe 43: 4, Jérémie 31: 3, Osée 11: 8, Esaïe 49: 15-16, 41: 13.

envahir mon âme. Très affaibli, il ne disait que quelques mots, mais sa simple présence nous était bénéfique.

Je tenais aussi à soutenir la mère de K'mel, qui vivait elle aussi un enfer, entre un mari hospitalisé et un fils incarcéré. Et pourtant, elle restait forte et pleurait encore moins que moi.

Le premier samedi du mois de novembre, lorsque nous étions partis à l'hôpital après le parloir, presque toute la famille était réunie. Nous avons pris un café à la cafétéria de l'hôpital, nous avons partagé des gâteaux avec les enfants, la journée était belle et bien ensoleillée. Si K'mel avait été là avec nous, la journée aurait été parfaite.

Puis le lundi après-midi, la mère de K'mel m'a appelé pendant que j'étais au travail et laissé un message en me demandant de contacter la CPIP pour une permission de sortie pour K'mel, car son père était mourant. Choquée, je l'ai rappelé aussitôt pour demander comment il allait et elle m'a donné le numéro du médecin pour obtenir un certificat médical à envoyer à Fleury.

Alors j'ai appelé le médecin pour demander combien de temps restait à son papa et elle m'a dit tout simplement, « nous avons fait tout ce que nous avons pu, mais sa situation s'est dégradée aujourd'hui et nous ne pouvons plus donner de pronostic. » Ce n'était donc plus une question de jours, mais d'heures.

Je me suis sentie tellement mal car je savais qu'il avait un cancer et que sa situation était critique, mais je n'ai pas demandé la permission de sortie plus tôt. Je ne comprenais pas pourquoi les médecins ne nous avaient pas prévenus à temps, pourquoi ils n'avaient jamais dit combien de temps il lui restait, puis je me suis rendue compte qu'ils le lui ont peut-être annoncé en tête à tête, ou éventuellement à son épouse, et peut-être qu'ils ont décidé de ne rien dire aux enfants pour ne pas les effrayer. Beaucoup de gens restent pudiques quand il s'agit de leur santé et préfèrent garder le secret.

Le médecin nous a établi un certificat expliquant que le père de K'mel présentait une aggravation brutale de son état, avec un risque élevé de décès dans les jours qui viennent, et que la présence de sa famille dans ces circonstances était nécessaire dans les plus brefs délais. Le soir même, je l'ai scanné et envoyé à Fleury avec une lettre de prise en charge m'engageant à venir chercher K'mel le matin et le déposer le soir. Madame Michel, la nouvelle conseillère pénitentiaire de K'mel, n'est même pas restée un mois à Fleury, elle est repartie à l'école car elle suivait une formation en alternance. Le lendemain matin, j'étais obligée de passer par l'accueil et d'envoyer les documents à une CPIP de permanence, sans être certaine que le dossier allait être géré. Je me sentais désemparée car c'était déjà la troisième conseillère pénitentiaire qui nous abandonnait dans l'incertitude.

J'ai tenté de joindre l'avocat pour voir s'il pouvait nous aider à contacter le juge et appuyer notre cas. J'ai eu sa stagiaire qui a apporté son soutien et promis de s'occuper de la permission de sortie. Je lui ai alors adressé les mêmes documents qu'au SPIP de Fleury, estimant qu'il valait mieux essayer deux fois pour être certain de réussir.

Le lendemain matin, à neuf heures, j'ai reçu l'appel de ma future belle-mère pour m'informer que son mari était décédé dans la nuit.

Sur le coup, je ne voulais pas le croire, ça ne pouvait pas être vrai. Nous étions le mardi matin, je l'avais vu le samedi et il s'est soulevé de son lit pour me serrer dans ses bras, son visage était lumineux et il semblait aller mieux. Comment pouvait-il partir dans ces circonstances ? Mon monde s'est écroulé, car mon homme est devenu orphelin de père pendant qu'il était en prison. Un tel traumatisme lui sera très difficile à surmonter.

Je me suis sentie aussi mal surtout parce que son père avait un cancer en rémission et je savais qu'il fallait faire vite pour libérer K'mel pour qu'il puisse retrouver son père vivant. Je regrettais de ne pas avoir multiplié des démarches pour qu'ils puissent se revoir une dernière fois.

Depuis que K'mel est tombé, à chaque fois je recevais une mauvaise nouvelle, je sentais qu'on m'arrachait les entrailles, puis je sentais une douleur aiguë dans le ventre pendant des longues heures, comme si un serpent vénéneux habitait à l'intérieur de moi et mordait mon estomac noué. J'ai perdu le sommeil et cessé de rêver. Le soir, même épuisée et avec du sable dans les yeux, je devenais insomniaque et devais lutter pour m'endormir. Chaque matin, je me réveillais assommée, comme après une soirée d'ivresse, je n'arrivais pas à m'extirper du lit et je devais mettre de la musique très violente pour me réveiller. Pour tenir debout, chaque jour j'avais besoin d'une bonne dizaine de cafés, le seul médicament contre le mal de tête. Je me demandais si lui aussi dormait si mal, je savais que le confort était sommaire même s'il ne se plaignait pas. Le décès de son père m'a anéantie, moi qui le connaissais depuis peu, alors je n'osais même pas imaginer comment il le prendrait.

Lorsque nous avons raccroché, j'ai appelé Fleury pour leur dire que nous allions préparer une nouvelle demande de permission de sortie, cette fois-ci pour le décès. J'ai eu une conseillère de permanence, visiblement très expérimentée, qui m'a dit que les permissions prenaient du temps et que le résultat était incertain. Je lui ai demandé de ne surtout pas lui annoncer ce décès si la permission n'est pas accordée, car je préférais qu'il l'apprenne de la part de sa famille plutôt que de l'administration carcérale. J'avais envie de le soutenir dans ces moments, car si ce décès était aussi éprouvant pour nous qui étions dehors et pouvions nous soutenir mutuellement, il le sera encore plus pour lui qui était tout seul, dans une cellule individuelle, sans aucun soutien. Mais la CPIP m'a expliqué qu'il faudrait le lui annoncer sans tarder, car autrement il ne pourrait pas signer sa demande de permission. Elle m'a dit de ne pas m'inquiéter car le personnel était formé pour gérer les situations de détresse, puis elle a proposé qu'on réserve un parloir d'urgence pour l'informer nous-mêmes. Le jour même, Nasser a appelé Fleury et réussi à fixer un rendez-vous pour jeudi après-midi. J'étais contente qu'il restait à K'mel encore deux jours d'insouciance, avant l'arrivée de la terrible nouvelle.

La copine de Walid nous a conseillé de ne rien lui dire, car il était préférable qu'il l'apprenne à sa sortie. Sa proposition m'a paru intéressante car je ne voulais pas qu'il déprime en détention et qu'il se sente encore plus désespéré qu'il ne l'était déjà. Mais Nasser a préféré qu'on dise la vérité car c'était plus honnête, un tel évènement ne pouvait pas rester caché pendant longtemps et K'mel finirait par le ressentir.

C'était justement ce qui s'est passé le mercredi après-midi. Au moment où il fallait rentrer de la promenade, K'mel a senti qu'il fallait appeler sa mère. Un mois plus tôt, il avait déjà rêvé que son père n'allait pas bien et qu'il tombait pendant que K'mel le relevait. Quelque chose l'a poussé à passer ce coup de fil et il a dit à sa mère qu'il sentait que quelque chose n'allait pas. Elle a fondu en larmes et lui a annoncé le décès de son père, en expliquant que c'était la volonté de Dieu et qu'il fallait rester fort.

Les surveillants et les détenus lui ont tous présenté leurs condoléances, tout le monde était touché car tout le monde se sentait concerné. Pour un détenu qui perd un parent alors qu'il est en détention, ou qui apprend que sa femme le quitte sans pouvoir réagir, ces grands traumatismes de la vie sont grandement amplifiés. D'autres détenus ont déjà perdu des parents sans pouvoir assister à l'enterrement et ils ont tout de suite ressenti de la compassion pour K'mel. Tous sauf le djihadiste turc qui avait pris le même avocat que nous, qui lui a dit, « j'ai déjà perdu une centaine de proches dans la guerre, c'est comme ça la vie, il faut s'adapter et rester fort ». Lui était déjà habitué aux horreurs et son seuil d'endurance était beaucoup plus élevé.

J'ai eu mal au cœur en apprenant que la nouvelle lui avait été annoncée. Sa mère m'a dit qu'elle n'avait pas le choix, car il l'a deviné. Paniquée, j'ai envoyé un message à Raouf pour lui demander de dire à K'mel qu'on viendrait le voir le lendemain. Il m'a aussitôt rappelé et promis qu'il allait lui descendre son portable par la fenêtre pour qu'on puisse lui parler et lui remonter le moral. Ce n'est jamais facile de perdre un père et c'est encore plus dur lorsqu'on est détenu et privé de possibilité de le revoir pour la dernière fois.

Je n'oublierai jamais le geste de Raouf, j'espère que Dieu le bénira pendant toute son existence car il nous a aidé dans un moment si critique, alors qu'il ne nous connaissait même pas.

Nous avons discuté pendant une heure avec K'mel, Nasser et moi, et nous avons tout fait pour le consoler. C'était la première fois de ma vie que j'ai entendu mon homme pleurer. Je pensais sincèrement qu'il n'en était pas capable, à tel point il était fort. Je m'en voulais terriblement d'avoir été si superstitieuse, de ne pas avoir pris des devants et demandé un certificat au médecin, avec l'autorisation de sa mère, pour demander une permission lorsqu'il était encore temps. Je m'en voulais car je savais que la situation était critique et je n'ai pas été assez réactive. Ma seule consolation, c'était qu'au moins nous n'avons pas été refusés, ce qui était une possibilité. Ça aurait été une nouvelle raison d'en vouloir au monde entier.

Le soir, il y avait beaucoup de monde chez la mère de K'mel. Certains membres de la famille se sont déplacés depuis la Haute Savoie pour venir présenter leurs condoléances, d'autres encore sont venus pour la toute première fois de leur vie, à tel point le doyen de la famille était respecté et aimé. Les gens ont apporté beaucoup de la nourriture, comme le veut la coutume, et l'une des belles sœurs a proposé de rester avec la mère de K'mel pour l'aider à surmonter cette épreuve.

L'enterrement devait être organisé en Tunisie et tout ce beau monde devait partir pour le dernier adieu. Comme le destin peut être cruel ! Si seulement son fils pouvait assister à l'enterrement ! Mais le juge d'application des peines ne l'autoriserait jamais.

Certaines femmes, qui étaient venues présenter leurs condoléances, voulaient aussi prendre des nouvelles du reste de la famille. Entre autres, elles ont demandé ma future belle-mère pourquoi l'un de ses fils a divorcé. Bien que leurs demandes étaient déplacées, elle s'est sentie obligée de répondre, gênée devant moi car je comprenais l'arabe. Elle a utilisé des codes pour ne pas nommer les personnes, pour que je ne comprenne pas ; *wouldi* – mon enfant – et *chismé* – c'est quoi son nom déjà ? – pour son ex-femme. J'ai pourtant tout compris et j'étais attristée par l'attitude de ces femmes qui ne respectaient pas les moments de grande détresse lorsqu'elles cherchaient à entendre des ragots. Alors j'ai pris ma future belle-mère dans mes bras, pour lui apporter mon soutien, à cette femme qui a donné la vie à l'homme que j'aime.

Le lendemain matin, les choses se sont accélérées. K'mel était désormais au courant du décès de son père et le dossier pouvait être signé et envoyé chez le juge d'application des peines. Une nouvelle conseillère m'a contacté pour demander la copie du livret de famille, pour s'assurer que le défunt était vraiment le père de K'mel, avant de se rendre compte qu'elle l'avait déjà dans les dossiers de permis de visite. Elle a promis d'appeler le juge d'application des peines pour tenter de nous obtenir une permission de sortie. J'ai appris que la levée du corps aura lieu le vendredi matin et que le billet d'avion pour la Tunisie était réservé pour le vendredi soir. La plupart des membres de la famille étaient déjà partis, y compris la mère de K'mel ; seuls quelques-uns viendront à ma morgue pour la cérémonie du dernier adieu.

Mais que se passera-t-il si la permission de sortie se déroule sous escorte ? Comment va-t-on expliquer à la famille qu'il y a des policiers ou des gendarmes avec K'mel et qu'il porte des menottes ? Ne vaut-il mieux pas renoncer à la permission ? Ou alors songer à créer une diversion pour permettre à K'mel de voir son père à la morgue tout seul, sans que le reste de la famille soit présent ?

Dans l'après-midi, je suis allée au parloir avec Nasser et nous avons apporté à K'mel une tarte aux poires et au chocolat, je ne sais même pas comment Nasser l'a fait entrer à travers tous ces portiques de sécurité. Nous avons voulu l'encourager mais nous nous sommes rendus compte qu'il était calme et résigné, acceptant le destin qui nous a été réservé par Dieu.

En sortant du parloir, j'ai trouvé six appels en absence venant de la part de la conseillère pénitentiaire d'insertion et de probation. Je l'ai aussitôt rappelé et elle m'a annoncé que le juge a accordé la permission de sortie pour toute la journée. Il fallait venir chercher K'mel à Fleury à 6h du matin et le déposer le soir avant 20h, ce qui nous permettra d'aller à la morgue, visiter quelques membres de la famille et passer un peu de temps ensemble avant de retourner en prison. J'étais consciente qu'il s'agissait d'une grande faveur, puisque les permissions pour les raisons familiales n'étaient accordées qu'à partir de la mi-peine, encore très éloignée dans notre cas.

« Je suis vraiment touchée par votre geste et je vous remercie du fonds du cœur. Grâce à vous, il reverra son père pour la dernière fois. »

« Ne me remerciez pas, c'est mon travail. C'est grâce à K'mel et son comportement exemplaire. »

Le lendemain matin, je suis allée le chercher avec Rayan qui était le seul disponible au petit matin et nous sommes allés chez lui pour prendre le petit déjeuner, avant d'aller à la morgue. Libéré pour quelques heures, K'mel était comme un enfant dans un magasin de jouets, il s'est mis à courir dans le petit parc devant l'immeuble de Rayan et la sensation de rouler dans une voiture l'a beaucoup impressionné. Lorsque nous sommes entrés dans une boulangerie pour acheter des croissants pour le petit déjeuner, il s'est extasié devant tous ces délices qu'il n'avait plus l'occasion de goûter en prison. La vendeuse a été quelque peu étonnée en voyant quel effet ses croissants produisaient sur K'mel et je lui ai expliqué qu'il venait d'arriver des Etats-Unis, où on ne mange pas aussi bien qu'en France.

En arrivant chez la femme de Rayan, je me suis rendue compte qu'elle était déjà au courant que K'mel était incarcéré. Plus tard dans la journée, j'ai appris que tout le reste de la famille a été mis au courant par Walid, qui ne savait pas comment garder les secrets. Alors que je m'efforçais à dire à tout le monde que K'mel était à Londres, ils étaient tous au courant qu'il ne l'était pas.

« Tu comprends, » Walid m'a-t-il avoué, « mon frère Adnan a tenté de joindre K'mel, il l'a appelé et même contacté par Facebook, sans recevoir de réponse. Alors forcément il s'est posé des questions et il a insisté qu'on lui dise la vérité. D'ailleurs, il a très mal pris le fait qu'on l'a laissé à l'écart, qu'on ne lui a pas fait confiance. »

C'était faux, car j'avais le portable de K'mel et l'accès à ses réseaux sociaux. Son grand frère Adnan ne l'a pas appelé une seule fois depuis son départ à Fleury. Quant à Facebook, l'un de ses fils a effectivement envoyé un petit message pour demander des nouvelles, auquel j'ai aussitôt répondu que tout allait bien à Londres.

A Londres ou à l'ombre, c'était tellement facile de se tromper, y compris sur le Messenger où je pouvais toujours faire porter le chapeau au correcteur automatique.

« Ce n'est pas une question de confiance, mais de réputation, » je lui ai répondu. « Ta mère et ton père voulaient préserver l'honneur de votre famille et ne voulaient pas que ça s'ébruite, ils ne voulaient pas que votre famille élargie en

Tunisie apprenne la nouvelle, pour que les gens ne puissent pas mettre en question leur éducation. Ils ne voulaient pas mettre au courant leurs belles filles car ils voulaient éviter des ragots. Il fallait respecter le choix de tes parents et ne pas le raconter à tout le monde. Après, c'est toi et ta conscience. »

Ça m'a fait mal de constater que les frères de K'mel ne le soutenaient pas dans cette épreuve. A présent, ils savaient tous où il se trouvait, mais pour la plupart, ils ne le visitaient pas et ne lui écrivaient pas. A part Nasser et Walid, aucun autre frère n'a demandé le permis de visite pour venir le voir à Fleury, ne serait-ce que pour pouvoir accompagner et soutenir leur mère.

Je me souviens d'un voisin de notre quartier qui a fait un séjour en prison d'une durée de deux ans. A sa sortie, il a rallumé son portable, pensant trouver beaucoup d'appels et de messages en absence. Mais il n'a trouvé aucun texto et seulement deux appels en absence.

Par chance, K'mel n'avait que faire de la réaction de sa famille élargie. A présent, tout ce qui l'importait, c'était de voir son père avant son départ pour la Tunisie. Nous nous sommes rendus à l'hôpital, où il y avait déjà une vingtaine de personnes réunies, puis nous avons pris nos ablutions pour pouvoir faire des prières pour l'âme de son père. Je n'avais jamais vu une personne décédée auparavant et j'ai dit à K'mel qu'il vaudrait peut-être mieux se souvenir de son père lorsqu'il était encore vivant, plutôt que de le voir inerte. Soudain, le personnel hospitalier nous a emmené dans une chapelle et nous avons vu son père dans un cercueil, enveloppé dans un linceul mortuaire, comme s'il dormait. A l'hôpital, il était maigre et affaibli, mais maintenant, ses joues étaient arrondies, son visage était apaisé, on dirait qu'il avait guéri. Nous avons été contents de l'avoir vu pour la dernière fois, d'avoir prié pour lui et assisté à ce moment privilégié pour se recueillir. Un à un, les membres de la famille l'ont embrassé sur le front et K'mel a été le dernier. Ensuite, il a pu porter le cercueil de son père jusqu'à la voiture de l'ambassade qui allait le conduire à l'aéroport, puis nous l'avons laissé partir, les cœurs serrés, à son pays.

« Je compte sur toi pour t'assurer à ce que mon fils revienne à Fleury, qu'il respecte les horaires de sa permission, » ma future belle-mère m'a dit depuis la Tunisie, lorsque nous nous sommes parlées au téléphone. J'étais touchée par la confiance qu'elle m'a accordée et je lui ai donné la promesse de veiller sur lui.

Depuis qu'il a déposé la demande de permission, l'avocat ne m'a pas rappelé pour donner des nouvelles. En réalité, c'était les remplaçantes de notre conseillère pénitentiaire en insertion et en probation qui ont fait tout le travail, qui ont déposé le dossier complet et appelé le juge pour nous dire que la demande a été acceptée. L'avocat aurait pu nous appeler, ne serait-ce que pour nous faire croire qu'il s'occupait de notre dossier, mais il ne nous a pas contacté. Alors K'mel a appelé son bureau et il a eu une secrétaire qui n'était pas en mesure de lui donner des renseignements utiles car ils étaient toujours en attente de sa fiche pénale, un document établi par le greffe de l'établissement pénitentiaire qui contient des informations sur les décisions juridictionnelles relatives à l'incarcération, à la condamnation et à l'exécution de la peine. Cela signifiait tout simplement que l'avocat n'a toujours rien fait depuis le mois de juillet, lorsque nous l'avons engagé. A présent, nous avons même réglé ses honoraires mais il était difficile à joindre au téléphone.

Dans l'après-midi, Nasser est parti en Tunisie pour assister à l'enterrement et nous devions repartir à Fleury en transports en commun. D'habitude je prends le RER D jusqu'à la gare de Juvisy puis le bus D5 jusqu'à Fleury, mais cette fois-ci K'mel a consulté Google maps et découvert qu'il y avait une gare encore plus proche, celle de Viry-Châtillon, en plein centre-ville. Même si j'avais peur de venir en retard, j'ai décidé de lui faire confiance et nous sommes sortis à la station de Viry-Châtillon. Au lieu de faire quinze stations avec le bus D5 entre

Juvisy et la maison d'arrêt, maintenant il n'y avait que huit. Nous avons décidé de dîner au Quick qui se trouve au début de l'avenue des Peupliers, puis de marcher les dernières deux stations de bus à pieds.

Nous avons également tenté de joindre l'avocat à plusieurs reprises, mais il a filtré nos appels. Nous voulions simplement faire connaissance, car nous l'avions engagé depuis cinq mois et il n'est toujours pas venu visiter K'mel en détention. En revanche, à plusieurs reprises, il est venu visiter un détenu poursuivi pour terrorisme qui lui a versé 8.000,00 euros d'honoraires. K'mel en a déduit que notre avocat se déplaçait uniquement pour les grosses affaires et les clients qui lui rapportaient plus que d'autres.

« J'ai le sentiment que nous obtiendrons plus facilement les rendez-vous tout seuls, plutôt que de compter sur l'avocat, » K'mel m'a-t-il dit. « Je parie que l'audience du 13 décembre nous a été fixée grâce aux lettres recommandées que tu as envoyées et non grâce à l'intervention de l'avocat. Il faudrait que tu l'appelles, que tu lui mettes la pression pour qu'il bouge. »

J'ai eu mal au cœur car je sentais qu'il avait raison, que nous nous sommes faits avoir une nouvelle fois. Nous avions déjà versé cinq mille euros à deux avocats différents et nous n'avions pas de résultats, ils ne prenaient même pas la peine de décrocher lorsqu'on les appelle.

« Une femme de détenu à Fleury m'a raconté que son avocat a déjà demandé le renvoi à trois reprises, car il n'avait pas le temps de venir à l'audience. Je n'ai pas envie de le froisser, il pourrait se venger sur nous et court-circuiter nos procédures. »

Arrivée à Fleury, nous avons croisé un groupe de surveillants qui ont reconnu K'mel et qui l'ont salué. J'ai pu me rendre compte à quel point il était populaire. Cette journée de permission lui a fait le plus grand bien, il a pu revoir son père et prier pour lui et il s'est senti libéré, ne serait-ce que pour quelques heures. Une seule journée de liberté représente beaucoup aux yeux d'un détenu, qui a appris à renoncer à tout et à patienter sans connaître la date de fin de sa souffrance. J'espérais que cette permission n'était qu'un avant-goût de ce qui allait suivre, que sa libération était proche et que très bientôt je le tiendrai de nouveau dans mes bras, lorsque nous serons réunis.

8.

A la banque, ces derniers temps, nous travaillons sur un très gros projet de clearing, qui consiste à ajouter des chambres de compensation comme troisième partie à tous les contrats et transactions portant sur les produits dérivés. Nous devons refaire toute l'architecture de la banque pour permettre les transactions automatisées selon ces contrats tripartites et les problèmes sont trop complexes et nous somme souvent bloqués par les limites techniques de nos systèmes. La nouvelle règlementation européenne nous impose une mise en conformité avant le mois de juin 2019, mais les choses n'avancent pas assez vite.

Depuis plus de cinq ans, Bernard travaille seul sur ce projet et entend le terminer tout seul, sans partager la gloire avec quiconque. Nous sommes tous les deux business analystes, nous avons la même description du poste et les mêmes responsabilités, la seule différence c'est qu'il est là depuis plus de cinq ans et moi depuis seulement une année. Nous avons eu un nouveau chef de projet, un mercenaire de Londres qui s'appelle Stephen, qui veut que les projets soient bouclés beaucoup plus rapidement. A la demande expresse du client, il m'a chargé de m'occuper de ce projet avec Bernard, de configurer tous les fonds dans les systèmes, les comptes cash avec toutes les configurations possibles et de réaliser les tests pour automatiser l'enregistrement des ordres. Tout d'abord, Bernard a protesté, ne voulant pas que je mette mon nez dans son projet, puis refusé de me donner un bref aperçu de l'avancement du projet, espérant que je ne m'y retrouverai pas. Peu importe, les présentations globales étaient toutes disponibles sur le drive et je me suis passée de son aide. Furieux, il s'est mis à donner des suggestions erronées afin de me pousser à la faute ; amusée, je lui répondais que je m'en occuperais, seulement pour lui dire en fin de journée que ce n'était pas fait puisque, pauvre de moi, j'étais submergée par des nouvelles responsabilités qui m'avaient été attribuées.

Malheureusement pour lui, Stephen m'aimait bien car nous avions la même personnalité. Il m'appelait pour le briefer sur l'avancement de projet et me faisait confiance grâce à mes compétences transversales, avant de me confier toutes les responsabilités, à part la partie développement qu'il a laissé à Bernard, puisque c'était sa compétence principale.

Bien décidé de se venger, Bernard a décidé de se débarrasser de moi. Sous prétexte de me montrer quelque chose sur mon poste, il ouvrait des multiples fenêtres feignant de chercher la bonne et tenter de découvrir si je ne consultais pas des sites non professionnels, quand lui regardait les matchs de Roland Garros ou du Mondial de football sur son poste, devant tout le monde. Constamment sur mon dos, il cherchait à m'épier, à me piéger, à me dénoncer, à faire remonter les erreurs. Un vendredi soir, l'environnement de test était en maintenance à partir de 18h, à un moment où les gens étaient censés rentrer chez eux. Ce jour-là, Bernard travaillait depuis chez lui, en se connectant à distance, pendant que j'étais au bureau. Nos transactions ne passaient plus, mais il a insisté qu'on les force pour que le client puisse les voir lundi dans les rapports. Depuis chez lui, il m'a mis la pression pour que ce soit fait avant la fin de la journée, alors que j'avais encore une heure de trajet avant de rentrer chez moi. Nous avons écrit à l'administrateur du système pour forcer les transactions, mais ce dernier nous a répondu que le forcing allait fausser les rapports. Ensuite, je lui ai dit que je n'étais pas payée pour faire des heures supplémentaires et je suis allée chez moi. Lundi matin, c'est exactement ce qui s'était passé et le client a été furieux car il a trouvé des doublons dans le rapport – les transactions intégrées en retard et celles que nous avons forcées – le tout par la faute de Bernard. Évidemment, pour se dédouaner, il s'est mis à envoyer des chats à notre manager pour expliquer que tout était de ma faute.

Je savais qu'il colportait des rumeurs sur moi car je l'ai déjà entendu parler dans le dos de la plupart de nos collègues. Il parlait mal de son ancien manager qu'il n'a pas réussi à mettre dans la poche ; il disait qu'elle s'appropriait le travail des autres car elle-même n'était pas suffisamment compétente. Il parlait mal d'un collègue irlandais en disant aux managers qu'il était incompétent ; lorsque ce dernier a été viré, Bernard a récupéré le projet que l'Irlandais venait de boucler, où il ne manquait que des signatures, pour se l'approprier. Il se plaignait de Stephen à tous les décideurs, déterminé de le faire virer, car il l'insupportait. Une collègue lui a dit dans le plus grand secret qu'elle a rompu ses fiançailles et il s'est empressé de me le raconter. Il parlait mal de Saïd, un brillant mathématicien fraîchement débarqué du Maroc qui a rapidement eu le poste de vice-président, alors qu'il a commencé comme analyste au même temps que lui. Sur le bureau de Saïd, une attestation plastifiée honorant son « excellence » et délivrée par le CEO lui-même, a dû susciter sa jalousie. Il disait alors que ces attestations étaient distribuées à beaucoup de monde, pour motiver les troupes sans leur accorder une récompense financière. Plus tard dans l'année, Saïd a eu droit à une plaque argentée attribuée aux meilleurs managers, cette fois-ci accompagnée d'un bonus. J'en étais ravie. Nous étions dans une banque américaine, alors la promotion d'un étranger à la place d'un français n'était pas une chose inhabituelle. En sachant que Saïd avait une petite intolérance alimentaire, Bernard s'est mis à raconter qu'il avait des problèmes graves de santé car il était trop maigre. Il disait aussi que Saïd n'arrivait pas à trouver une petite amie et qu'il était contraint de draguer sur Tinder, quand lui-même a rencontré sa femme dans les toilettes d'un pub irlandais et l'a rapidement mise enceinte avant de l'épouser. J'en avais un peu marre ce ces ragots, alors je lui ai dit que Saïd était en couple avec une très jolie rousse et que leur photo commune était affichée sur son profil WhatsApp. Bernard a dit qu'il devait s'agir d'une collègue de travail. Mais quelques semaines plus tard, la fille de Bernard est venue faire un stage dans notre banque. Du haut de ses quatorze ans, elle a remarqué le beau ténébreux du service, Saïd, et lui a posé la question devant tout le monde s'il avait une femme. « Non, je ne suis pas marié, » lui a-t-il rétorqué, visiblement amusé.

Je savais donc que Bernard parlait mal de moi, car j'étais sa collaboratrice directe et susceptible de devenir sa concurrente, d'autant plus qu'il me connaissait depuis hier. Je dois avouer que ça me flattait car il se sentait menacé. Je savais dès le départ qu'il cherchait à me remplacer et recruter quelqu'un d'autre, beaucoup plus docile ; moi aussi j'ai jeté un coup d'œil sur son écran et j'ai vu l'intitulé d'un mail dans sa boite de réception, la candidature d'une certaine Levana. Je savais que ça n'allait rien donner, puisqu'il était très difficile de trouver des gens parfaitement bilingues en anglais avec les connaissances des produits dérivés. J'ai toujours aimé la concurrence et le fait de me surpasser. Contrairement à Bernard, je suis incapable de rester cinq ans à faire le même travail dans la même entreprise. J'ai besoin de plus de défis, plus de complexité, plus de responsabilité. Une carrière dure environ quarante ans et il ne reste pas suffisamment de temps pour tout découvrir. Après un an et demi, j'ai envie de devenir chef de projet, je me sens prête de partir plus loin. Si je n'avance pas assez vite, je ne deviendrai jamais directrice générale d'une compagnie pétrolière, le métier que je rêvais d'exercer depuis toute petite. Ainsi, j'ai laissé Bernard à ses magouilles, plutôt que de créer des embrouilles avec lui pour avoir une promotion ; j'ai préféré changer d'entreprise et accéder au poste supérieur plus vite, sans concurrence directe.

A titre exceptionnel, j'avais besoin de garder mon poste jusqu'à la libération anticipée de K'mel, pour montrer à la justice que j'avais des revenus stables et que je pouvais lui apporter des garanties. Alors, lorsqu'un jeune ingénieur quantitatif s'est présenté à l'entretien avec Bernard, j'ai noté son nom et je l'ai ajouté sur LinkedIn. Le même soir, je lui ai envoyé cinq mots, pour bien m'assurer qu'il refuse le poste proposé. « Chouette, votre profil à €70K ! » Je savais pertinemment qu'ils n'allaient pas lâcher un tel salaire pour un business analyste ; en revanche, un quant junior pouvait prétendre à un tel salaire de départ. J'étais outrée qu'ils s'imaginaient recruter un tel profil pour un poste sous-qualifié, seulement parce qu'il venait de sortir de l'école ! J'ai visé juste, car j'ai constaté quelques semaines plus tard qu'il a pu trouver un meilleur poste en fonction de son profil. Cinq mots pour torpiller Bernard et son stratagème maléfique de me remplacer. Avec mon sourire faussement naïf, je jubilais, en fredonnant les paroles de Booba à côté de la machine à café :

« Ma force de frappe est militaire tu parles en coup d'tête balayette
Allez, nique ta mère ! j'tire dans le crâne, j'vise pas dans les ieps
J'préfère niquer des mères sur l'rainté mode paramilitaire
J'défouraille lui ou elle, criminel depuis le minitel... » [20]

Non seulement je vivais mal la séparation de mon homme, mais il fallait encore que je subisse les hostilités au travail. Je m'étonne encore aujourd'hui comment j'ai réussi à tenir aussi bien.

Je dors rarement avant minuit, mais cette soirée de 10 décembre j'ai déposé les armes vers onze heures trente, épuisée par toutes les épreuves subies ces derniers temps. C'était déjà le matin lorsque j'ai reçu un étrange texto de la part de Raouf, envoyé à une heure du matin.

« Désolée, j'ai oublié de te dire que ton mari il t'a dit qu'il va être transféré demain à la maison d'arrêt de Fresnes, 94. »

Très étonnée, j'ai d'abord cru que c'était une erreur de destinataire. L'après-midi précédent, j'ai eu la conseillère

[20] Booba, *Bakel City Gang*, mixtape Autopsie, volume 4, 2011.

pénitentiaire d'insertion et de probation au téléphone qui m'a dit qu'elle comptait proposer à K'mel une audience chez le juge d'application des peines au mois de janvier ou février. S'il y avait un transfert en vue, elle me l'aurait dit.

J'ai longtemps regardé mon portable pour essayer de comprendre la portée de l'information que je venais de recevoir. Comment ça, à Fresnes ? Fleury était en Essonne et Fresnes en Val-de-Marne, donc ils ne dépendaient pas du même tribunal. Un transfert entraîne le renvoi des affaires en cours vers la juridiction compétente et crée des nouveaux délais, car il faudra redéposer toutes les requêtes une nouvelle fois. Je devais réfléchir très vite mais je ne comprenais toujours pas le sens d'un tel transfert. Alors j'ai envoyé un texto à Raouf pour demander si j'étais le bon destinataire de son message et pour y voir plus clair. Mail il était en détention, il devait cacher son portable pendant la journée, il risquait une peine supplémentaire si un portable était découvert dans sa cellule. Je savais qu'il allait mettre du temps pour répondre.

« Salam, ça va ? Je crois que c'est une erreur de destinataire, j'ai eu sa CPIP hier au téléphone et elle ne m'a rien dit. Le message est pour moi ? »

« Salam, oui c'est pour toi. Ce soir je passe le téléphone à ton mari, OK ? »

« OK, donc il est encore là ? »

« Tu peux m'appeler là vite fait ? »

Il était onze heures du matin, il fallait se dépêcher pour appeler avant qu'il ne range son téléphone dans sa cachette. Au même temps, j'ai eu deux appels en absence le même matin venant du même numéro de portable. Alors je me suis isolée dans une salle de réunion pour téléphoner, pas du tout rassurée, pendant que la peur montait. Il m'a dit qu'hier soir, après le rendez-vous avec la conseillère, les surveillants sont venus voir K'mel pour lui dire de ramasser ses affaires pour être transféré. Abasourdi, il a répondu qu'il refusait, puisqu'il avait des procédures en cours et une audience en confusion de peines dans la semaine. On lui a répondu qu'il allait être transféré qu'il le veuille ou non, qu'il valait mieux qu'il ramasse ses affaires tout seul plutôt qu'ils le fassent par force. Mais pourquoi à Fresnes ? Un tel transfert est insensé pour bien d'autres raisons. C'était une maison d'arrêt, tout comme Fleury. S'il devait être affecté à un centre pénitencier mieux adapté à la longueur de sa peine, pourquoi Fresnes ? J'ai immédiatement pensé qu'il s'agissait d'une sanction suite à un incident grave, une altercation avec un surveillant ou un autre détenu, une mesure disciplinaire utilisée lorsque même le mitard ne parvient plus à calmer la personne. K'mel m'a toujours dit qu'il ne rencontrait pas de problèmes avec les autres... il reste toutefois la possibilité qu'il ne me dévoile pas tout, pour ne pas m'effrayer. Malheureusement Raouf n'avait pas davantage d'informations mais il m'a proposé de lui descendre le portable dans la soirée pour qu'il me le dise lui-même.

Le numéro inconnu qui m'a cherché à deux reprises, c'était Lucie de l'association Wake Up Café. Elle m'a dit que le matin elle a pu voir K'mel au parloir et qu'il semblait désemparé car il venait d'apprendre qu'on allait le transférer à Fresnes. C'était donc vrai, ils allaient le transférer dans un autre département, rattaché à une autre juridiction, il nous fallait donc recommencer toutes les procédures à zéro et patienter plusieurs mois avant d'obtenir une audience devant le juge d'application des peines.

Mais nous avons une audience en confusion de peines devant le TGI de Paris dans seulement deux jours, une audience que nous avons attendue depuis deux ans, qui pourrait réduire sa peine à seulement deux ans et le rendre immédiatement aménageable ! Comment peuvent-ils commettre une telle bourde ? Il fallait réagir vite et empêcher ce transfert par tous les moyens. « Ne vous inquiétez pas, »

Lucie a expliqué, « nous connaissons les conseillères en insertion de Fresnes, nous avons même un meilleur contact avec elles qu'avec celles de Fleury, nous suivrons son cas de près et insisterons auprès de la directrice du service pénitentiaire d'insertion et de probation pour s'assurer qu'il soit extrait pour son audience. »

Fresnes ! Ce pourrissoir, cette ignominie, cet enfer ! Le dernier endroit où la guillotine était installée avant l'abolition définitive de la peine de mort, la maison d'arrêt corrompue jusqu'à la moelle osseuse dont l'un des directeurs venait d'être incarcéré pour corruption, la prison pleine de rats et de cafards condamnée à verser une indemnité à un détenu qui l'a assigné à cause de l'était déplorable de sa cour de promenade ! La prison où la nourriture est tellement mauvaise que les détenus jettent les barquettes par les fenêtres pour protester, à tel point la situation est lamentable ! Comme si la privation de liberté n'était pas une punition suffisante, il fallait aussi les punir par les maladies et la malnutrition ! Le seul bon côté, c'est que les délais pour obtenir un rendez-vous chez le juge d'application des peines sont beaucoup plus courts qu'à Fleury.

Pendant le déjeuner, je n'arrive pas à me concentrer. Mes collègues discutent de la crise des Gilets jaunes et de la fiscalité confiscatoire, un débat passionné au sujet duquel j'aurais tant à dire. Je suis une militante libérale et j'ai déjà publié des articles au sujet de la fiscalité et la croissance en France, mais je n'arrive pas à participer à ce débat des plus intéressants. Je rédige un mail à l'attention de la conseillère d'insertion et j'envoie une copie à Nadine Picquet, la directrice de l'établissement. C'est très facile de reconstituer les adresses mail selon le même modèle : prénom, point, nom, arobase, justice.fr.

« *Mesdames,*

Je viens d'apprendre que M. K'mel, numéro d'écrou 437502, sera transféré à la maison d'arrêt de Fresnes dans les prochaines heures.

Avez-vous la possibilité de contacter le JAP ou les responsables administratifs afin d'empêcher ce transfert, qui porte un préjudice sérieux à tous ses efforts de réinsertion ?

Nous avons engagé deux procédures distinctes avec notre avocat et ce transfert anéantit tous nos efforts, fait repartir de zéro tous les délais, modifie les tribunaux compétents et porte un préjudice irréparable au droit de la défense.

Pour rappel, une audience est prévue pour jeudi 13 décembre devant la Cour d'Appel de Paris pour la confusion des peines et une procédure d'aménagement de peine est déjà en cours devant le Tribunal d'Evry.

M. K'mel suit un parcours scolaire et prépare son bac ES à Fleury. Il a perdu son père en novembre et n'a fait objet d'aucun compte rendu d'incident pendant sa première incarcération.

Merci de nous aider à continuer à croire en justice et sa capacité de réinsertion. »

Malheureusement, je reçois un out-of-office de Nadine Picquet ; elle est en vacances et demande qu'on contacte son adjointe. Mais je ne connais pas le nom de cette dernière, elle n'est pas médiatisée. Elle prendra connaissance d'un mail aussi important à son retour, une dizaine de jours plus tard.

Dans l'après-midi, j'ai envoyé un texto à Raouf pour demander s'il a des nouvelles de K'mel. Il est au quatrième étage, juste à côté du détenu qui faisait l'appel à la prière. « Il ne répond pas, » le terrible texto vient d'arriver. C'est donc vrai, le transfert a été effectué.

Ensuite, Lucie de Wake Up Café m'a appelé pour confirmer que le transfert a bien eu lieu, en me promettent de joindre dès le lendemain la directrice du SPIP de Fresnes pour l'informer que nous avons une audience en confusion de peines en cours. Elle m'a confirmé que le transfert n'était pas dû à un incident ou une sanction disciplinaire mais à une simple « gestion des flux », en s'excusant du terme utilisé. Il y a beaucoup de manifestants arrêtés et juges en comparution immédiate, les « gilets jaunes » qui ont entamé une révolte fiscale contre le gouvernement Macron et l'administration pénitentiaire manque de place. Elle m'a assuré que l'audience aura lieu et que l'extraction sera faite suite à l'ordre du procureur.

J'ai également appelé Mme Michel et pleuré, en demandant comment une telle chose pouvait arriver, comment peut-elle me dire un après-midi qu'elle proposerait notre dossier pour une audience chez le juge d'application des peines, si le lendemain tout est annulé. Elle m'a répondu qu'elle-même n'était pas mise au courant de ce transfert, probablement car ces décisions sont prises au niveau de leur hiérarchie et tenues secrètes pour éviter les évasions pendant les trajets. Elle m'a tout de même révélé que sa hiérarchie lui a posé la question s'il y avait une procédure d'aménagement en cours et elle a répondu que non. Il semblerait que même la requête de notre nouvel avocat n'était pas visible dans le système. L'a-t-il envoyé comme il l'a dit ? Rien n'était moins sûr.

Agacé car j'ai passé tout mon après-midi au téléphone, mon collègue Bernard m'a envoyé un chat pour me demander si je travaillais toujours dans la banque ou si j'ai trouvé une autre activité. Je l'ai rassuré que j'étais bien là, que j'avais une urgence à gérer, mais ma voix était un peu tremblante et il a compris qu'il se passait quelque chose de sérieux. Je savais qu'il allait utiliser ce moment de faiblesse contre moi.

Le soir on m'appelle d'un numéro inconnu. C'est K'mel, qui a réussi à se procurer un téléphone portable à Fresnes. Il m'explique qu'il a été transféré dans l'après-midi avec trois autres détenus de Fleury et qu'il a été placé dans une cellule de mitard. En réalité, c'était une cellule ordinaire mais elle était dans si piteux état qu'elle faisait penser au mitard. Il a dit qu'il y avait des rats aussi gros que ceux que nous avons vu à Rome. Il a dit aussi que Fresnes était seulement une étape de transfert et que sa destination finale était la maison centrale d'Orléans.

« Orléans ! Mais comment ? Je ne sais même pas où cette ville se trouve ! Ne t'inquiète pas, ce n'est rien, je vais trouver un moyen pour te visiter. »

Une maison centrale ! Un établissement réservé aux détenus condamnés à des longues peines, des gens comme Redoine Faïd ou le terroriste Carlos, ou encore Falco. Je n'ai pas envie qu'il fréquente des tueurs, lui qui est coupable d'avoir volé trente euros !

Alors il me demande d'appeler notre avocat pour qu'il intervienne, qu'il reste au moins à Fresnes, en Île de France, dans une maison d'arrêt parmi les délinquants et non dans une maison centrale parmi les criminels. Le choc est rude, je suis en pleurs lorsque j'appelle notre avocat, mais comme toujours il est sur le répondeur, c'est sa stagiaire qui me rappelle un peu plus tard. Elle m'explique que les avocats pénalistes se déplacent dans tout le pays et qu'elle utilisera la distance de trajet comme argument pour obtenir un aménagement beaucoup plus vite. De toute manière, il sera extrait pour l'audience de confusion de peines, nous avons un rendez-vous dans deux jours devant le Tribunal de grande instance de Paris. Elle s'est engagée de venir plus tôt à l'audience pour rencontrer K'mel, puisqu'ils n'ont pas encore eu l'occasion de se voir. Elle m'a dit que s'il n'était pas extrait, il était préférable de demander le renvoi car la décision sera toujours plus favorable au détenu s'il se présente en personne devant le tribunal. Il ne fallait pas s'inquiéter, dans le cas où on demanderait le renvoi, la nouvelle audience sera fixée en un mois. J'étais en colère car l'avocat ne comptait pas se déplacer, il a envoyé sa stagiaire tout juste sortie de l'école pour gérer notre affaire. Mais il était trop tard de trouver quelqu'un d'autre, de revenir sur mes pas, d'engager un autre confrère. J'avais la rage contre toute la profession d'avocats car j'ai rencontré sept ou huit professionnels pour en choisir celui-ci et le résultat était pitoyable.

Le lendemain, j'ai tenté de joindre le greffe de la maison d'arrêt de Fresnes pour essayer de bloquer le transfert à Orléans. On m'a répondu que seul l'avocat pouvait obtenir des renseignements et on m'a raccroché au nez. J'ai faxé la convocation à l'audience de confusion des peines et un courrier expliquant qu'un ordre d'extraction a été envoyé par le procureur de Paris, en ajoutant les cordonnés de notre avocat pour que l'administration pénitentiaire puisse le contacter si besoin. Comme promis, l'association Wake Up Café a également appelé la directrice du service pénitentiaire d'insertion et de probation de Fresnes pour l'informer qu'une audience aura lieu le lendemain matin.

« K'mel n'a pas encore de numéro d'écrou à Fresnes, les procédures administratives seront faites d'ici 24 à 48 heures selon la directrice du SPIP que j'ai eu au téléphone. Je vais tenter de rappeler d'ici 24h pour savoir plus et je vous donnerai le nom de sa CPIP dès que je l'ai. Je pourrais aussi voir avec elle pour que K'mel puisse continuer ses activités au scolaire. En tout état de cause, cela ne remet rien en question pour son audience de jeudi et pour son projet d'aménagement de peine. Par ailleurs, j'ai eu la confirmation qu'il n'est pas au quartier arrivant mais plutôt en cellule ordinaire.

Je vous souhaite une belle fin de journée. Bien à vous,

Lucie. »

Malheureusement, c'est tout ce que nous avons pu faire pour lui. L'audience devait avoir lieu le lendemain et j'espérais que ces évènements ne perturbent pas K'mel au point de ne pas pouvoir se concentrer en plaidant devant le juge.

La nuit a été très courte et le sommeil n'était pas réparateur. Au petit matin, sans nouvelles de quiconque, je me suis dirigée au tribunal de grande instance de Paris, espérant y trouver notre avocat et K'mel. Je suis arrivée la première et j'ai trouvé seulement un gendarme dans la salle d'audience. Le tribunal venait tout juste de déménager dans un immeuble en verre flambant neuf, plus grand et mieux adapté aux volumes des affaires traitées. Evidemment, l'avocat n'est pas venu, il a envoyé sa stagiaire qui est venue au dernier moment, alors qu'elle avait promis de venir en avance et rencontrer son client. Que nenni ! Même le greffier, le procureur et le juge sont venus dans la salle avant elle. Dans le box, il y avait déjà des gendarmes qui ont emmené un détenu sous escorte, ils venaient de l'extraire de Fresnes. Mais K'mel n'y était pas.

La stagiaire m'a salué, puis elle s'est adressée au procureur pour demander ce qui s'était passé avec son client. Le procureur lui a répondu qu'il a reçu un mail de la part de l'administration pénitentiaire, expliquant qu'ils refusaient le transfert. Comment diable peut-on refuser d'exécuter l'ordre d'un procureur de la République ? Si c'est par manque d'effectifs, comment ont-ils pu extraire cet autre détenu de Fresnes qui était dans le box des accusés ? Alors elle lui a posé la question s'il était possible de renvoyer l'audience à une date rapprochée. En réalité, elle devait partir car le procès en appel de Jawad Bendaoud se déroulait dans la même semaine et elle voulait assister à cette audience médiatisée.

Ensuite, le procureur a dit que K'mel a demandé le renvoi, par le biais de son avocat, et le juge a fixé la nouvelle audience pour le mois de mai. J'ai fait un malaise. Il nous fallait patienter encore cinq mois pour l'audience en confusion des peines, qui bloquait la procédure d'aménagement ! La stagiaire m'a proposé de nous désister de la procédure de confusion des peines si l'audience d'aménagement arrive avant le mois de mai, ce qui me paraissait injuste. Nous avons attendu cette audience depuis presque deux ans et elle aurait pu réduire la durée de la peine à seulement deux ans, permettant à K'mel de bénéficier d'un bracelet électronique sur place, puisque le quantum de la peine qui lui resterait à purger serait inférieur à deux ans.

Je n'arrivais pas à tenir debout et j'ai pris un taxi pour revenir dans mon quartier. Ma future belle-mère m'attendait pour que je lui donne des nouvelles. Il fallait se renseigner aussi pour continuer à visiter K'mel, demander son nouveau numéro d'écrou, demander des nouveaux permis de visite, réserver des nouveaux parloirs... Toutes ces démarches reposaient sur mes épaules. Deux semaines avant le transfert, j'ai pris une semaine de vacances pour visiter ma mère et j'ai chargé Nasser de réserver le parloir. Mais Nasser n'avait pas ma patience et mon obstination, il n'a pas appelé Fleury avec trois téléphones et il n'a pas réussi à obtenir une date. Le samedi qui allait venir, nous n'avions pas de parloir réservé à Fleury, comme si une malédiction nous a frappé à cette date fatidique.

Sur Google, j'ai appris que la prison d'Orléans était fermée car trop vétuste et qu'une nouvelle prison était inaugurée en 2014 par Christiane Taubira, le Centre de détention Orléans Saran. En lisant la présentation de l'établissement, je me suis rendue compte que ce n'était pas une maison centrale et j'étais très rassurée. Selon Wikipédia, « un centre de détention accueille les condamnés de deux ans et plus considérés comme présentant les perspectives de réinsertion les meilleures. À ce titre, les Centres de Détention ont un régime de détention principalement orienté vers la socialisation des détenus. » Donc ce transfert était lié à la longueur de la peine et il a été jugé comme le plus adapté au profil de K'mel. Dans les centres de détention, les cellules individuelles sont la règle, les gens ne s'entassent pas par trois ou quatre dans une cellule et ne dorment pas par terre comme dans une maison d'arrêt. Il y a aussi des unités de vie familiale (UVF), des petits appartements où le détenu peut passer jusqu'à 72 heures avec ses proches, puis un service buanderie qui permet aux détenus de faire laver gratuitement leur linge. J'ai même trouvé le site internet de l'association GEPSA qui oriente les familles, sur lequel j'ai téléchargé le relevé d'identité bancaire de la prison pour envoyer des virements à K'mel. Le site indiquait l'itinéraire pour y arriver en transports. Il fallait venir à la gare de Fleury les Aubrais, puis prendre le tramway jusqu'à l'arrêt Libération, puis prendre le bus 6 qui s'arrête juste en face de la prison. Transféré de Fleury Mérogis à Fleury les Aubrais... Lorsque j'ai consulté le site de l'architecte qui a conçu le bâtiment et vu à quoi ressemblent les cellules, j'ai eu le sentiment que K'mel sera à l'aise à Orléans.

Le seul problème, c'est que le tribunal compétent n'était plus celui d'Evry mais les tribunaux de grande instance d'Orléans et de Chartres, qu'il fallait saisir de nouveau et patienter encore plusieurs mois pour obtenir une audience. Pire encore, j'ai entendu de la part de deux avocats que les tribunaux de province sont beaucoup plus sévères que les tribunaux en Île de France lorsqu'ils prononcent des peines car ils n'ont pas l'habitude de la délinquance de masse. Serait-ce la même chose en termes d'application des peines ?

Contrairement à Fleury, je n'ai pas eu des difficultés à avoir un interlocuteur en ligne lorsque j'ai appelé la prison d'Orléans Saran. En une demie heure, j'ai obtenu le nouveau numéro d'écrou et les numéros de nos permis de visite, j'ai appelé le SPIP pour demander leur mail afin de leur transmettre le dossier d'aménagement de peine et j'ai réservé des parloirs pour les trois prochaines semaines. Par chance, le prochain parloir allait compenser celui que Nasser n'a pas réussi à obtenir à Fleury pendant mon absence.

J'ai pensé à tous ces détenus corses et basques qui sont dispatchés partout en France pour éviter qu'ils se croisent et briser leur solidarité familiale. J'ai pensé à cette fille de Montreuil que j'ai connue à Fleury, qui visitait son petit ami rencontré sur Facebook dans une prison du sud de la France, qui dépensait une petite fortune en billets de train, chambres d'hôtel et frais de garde de ses enfants. J'ai été naïve de penser que les détenus étaient affectés aux établissements près du lieu de leur infraction et de leur tribunal compétent. A Fleury, j'ai vu une mère qui se déplaçait depuis Martinique pour visiter son fils, seulement deux fois par an. Elle était enseignante et ne pouvait pas se permettre de venir davantage, elle avait des contraintes imposées par son emploi et son budget. J'ai vu des familles qui se déplaçaient du Nord-Pas-de-Calais pour venir à Fleury, une mère qui venait d'Avignon, des familles qui ne pouvaient pas venir au parloir chaque semaine à cause de leur éloignement géographique. A présent, ce sort nous était réservé aussi.

Beaucoup de détenus ne sont jamais visités, particulièrement ceux dont la famille était à l'étranger. Beaucoup ne reçoivent jamais de mandat car leurs familles sont trop modestes. Il fallait rester reconnaissant car nous avions la possibilité de visiter K'mel, le trajet jusqu'à Orléans était encore dans nos moyens et nous pouvions continuer à le voir chaque samedi.

Le samedi, nous nous sommes retrouvés sur la route d'Orléans, Nasser, Walid, leur mère et moi. Le trajet nous a paru très long, j'ai emmené un livre à lire pour faire passer le temps mais j'étais trop préoccupée pour me concentrer. Walid a dit qu'il y avait un petit château à Orléans qu'on pourrait visiter, histoire de profiter du déplacement pour faire du tourisme. Il était loin d'imaginer que la visite serait si éprouvante qu'on n'aurait pas envie de faire quoi que ce soit d'autre, à part rentrer à Paris.

Nous sommes arrivés à la prison une heure et demi en avance et nous avons pu rencontrer les bénévoles de l'association GEPSA. On leur a posé quelques questions pour lesquelles je n'ai pas pu trouver des réponses sur l'internet. C'est dans leur bureau que ma future belle-mère s'est mise à pleurer pour la première fois. Elle avait été forte pendant trop longtemps, fragilisée par la perte de son conjoint et inquiète pour son enfant, elle a fini par craquer. Ses larmes m'ont brisé le cœur. Je lui ai expliqué que nous n'étions pas dans une maison centrale mais un centre pénitencier réservé aux détenus condamnés aux peines inférieures à cinq ans, donc il y aura essentiellement des trafiquants de stupéfiants mais pas de meurtriers qui prennent des peines plus longues, ni des terroristes qui sont tous jugés à Paris et donc incarcérés en région parisienne. A Fleury, qui est une maison d'arrêt, tous les détenus étaient mélangés et K'mel a pu rencontrer des gens beaucoup plus dangereux qui étaient en attente de leur procès ou de leur transfert. J'espère que ça l'a rassuré.

La population carcérale à la prison d'Orléans était bien différente de celle de Fleury. A Fleury, presque toutes les familles de détenus que je croisais au parloir étaient d'origine étrangère, essentiellement des Magrébins, des Africains et des Gitans. A Orléans, il y avait beaucoup plus de français, des provinciaux originaires du même département, même s'il y avait beaucoup d'habitants d'Ile de France, car leurs détenus étaient transférés de Fleury, Fresnes ou Bois d'Arcy.

K'mel était particulièrement atteint par son transfèrement. Il était cerné et mal rasé, il avait des cheveux en bataille et avait perdu trois kilos en deux jours. Il ressemblait à une personne séquestrée dans une cave par un tueur en série qui venait tout juste d'être libéré par les forces de l'ordre.

« Jeudi matin, à travers la fenêtre, j'ai vu des gendarmes qui sont venus me chercher à Fresnes pour m'emmener à l'audience devant le tribunal de Paris. J'ai dit à tout le monde que j'avais une audience en confusion de peines mais ils m'ont répondu qu'ils n'étaient pas au courant. Les surveillants nous ont dit de nous dépêcher pour embarquer dans le camion cellulaire, comme s'ils voulaient nous transférer en cachette. Ils m'ont mis des menottes sur les mains et les chevilles et mes bras étaient attachés à la poitrine. J'ai été littéralement kidnappé. »

« Comment peut-on refuser l'ordre d'un procureur ? »

« Je ne sais pas. En plus, ils ont égaré un sac avec mes vêtements, ils m'ont donné les affaires d'un autre détenu que je leur ai restituées. Au départ de Fleury, j'avais cinq sacs et quatre cartons, mais j'ai récupéré quatre sacs. Lorsque je l'ai signalé, ils m'ont remis un sac avec un drap dedans et ils m'ont dit, 'tiens, tu as tes cinq sacs'. »

« Comment tu trouves la prison à Orléans ? »

« Je pense que je préfère Fleury. J'y avais beaucoup de contacts, je connaissais tout le monde, j'avais pris mes marques. Ici, il faut tout recommencer de zéro, s'inscrire au scolaire, à la salle de sport, à la bibliothèque, patienter sur la liste d'attente. Les surveillants ne communiquent pas avec les détenus, il y a une distance, tout a été pensé pour que les détenus restent entre eux sans trop de contact avec les surveillants. Les profils des détenus étaient variés là-bas ; ici, la plupart de gens sont détenus pour le trafic de stupéfiants. »

« Ici, c'est un centre de détention, normalement ça se passera mieux car il y aura des parloirs prolongés et la possibilité de quitter la cellule pour passer du temps dans des espaces en commun. »

« Oui, ça se voit que c'est la campagne. A Fleury, il y avait beaucoup de corbeaux et à Fresnes, beaucoup de rats. Ici, à Orleans, il y a beaucoup d'oiseaux. »

Le jour de notre premier parloir à Orléans, j'ai récupéré le sac avec la fouille de K'mel qui contenait une serviette, une lampe de chevet, un T-shirt avec le dessin d'une feuille de cannabis, un lecteur mp3 et la photo d'identité de son père, accompagnée d'un « compte rendu d'incident » et confisquée pour des raisons de sécurité. Beaucoup de vêtements neufs ont tout simplement disparu pendant ce transfert.

Sur le chemin de retour, nous avons eu un accident et crevé deux pneus, probablement à cause des grosses pierres déposées sur le chemin par les gilets jaunes pour barrer la route aux automobilistes. Nous avions une roue de secours mais pas deux, alors il nous fallait appeler l'assurance pour nous faire dépanner. C'était le mois de décembre et il pleuvait, Nasser et Walid devaient sortir du véhicule pour signaler leur présence aux dépanneurs, mais le véhicule de dépannage s'est égaré et il fallait rappeler et patienter encore une heure pour un nouveau passage. Nous avons réussi à revenir à Paris vers minuit, après plusieurs heures passées dans un garage, à côté d'un radiateur d'appoint pour sécher nos vêtements et nos chaussettes. Dans la semaine qui a suivi, nous étions tous malades et nous nous demandions si nos prochains parloirs à Orléans allaient se passer mieux ou si on allait avoir des difficultés à chaque fois.

Une semaine plus tard, Adnan et son épouse ont organisé un repas familial pour marquer les quarante jours de deuil suite à la mort de papa. J'y suis allée avec la mère de K'mel, Walid et Nasser, et rencontré plein de membres de famille éloignée. Chez Adnan, il y avait un magnifique poster accroché au mur avec une photo de ses parents lors de leur pèlerinage à la Mecque. J'ai pris une photo du poster avec mon iPhone pour la développer et envoyer à K'mel, puis j'ai posé la question à l'épouse d'Adnan si elle avait d'autres photos de ses beaux-parents, alors que nous nous levions pour partir.

« Viens avec moi, je vais te les chercher. »

Elle s'est mise à fouiller un petit meuble à l'entrée où il n'y avait visiblement aucune photo, puis elle m'a posé la question où était K'mel.

« Il ne pouvait pas se libérer, mais il m'a chargé de vous transmettre ses salutations. »

« Arrête, s'il te plaît. Je sais très bien où il est. »

Et là, elle s'est mise à pleurer et je l'ai prise dans mes bras pour étouffer ses sanglots.

« Quand K'mel était petit, Adnan et moi, nous nous occupions de lui lorsque sa mère travaillait. Nous étions si proches et Adnan était un peu comme son père. Et là, personne n'a jugé nécessaire de m'informer de cette incarcération ! Je l'ai appris de la part des inconnus, lors de l'enterrement de son père ! On dirait que je ne fais même pas parti de cette famille ! Vous m'avez exclu de tous ce qui se passe ! »

« Ecoutez, ce n'était pas personnel. Nous avions décidé de le dire à personne, non seulement pour protéger la réputation de la famille mais aussi pour protéger les enfants d'une mauvaise influence. N'oubliez pas que vous avez des fils adolescents qui pourraient suivre un mauvais exemple. »

Je l'ai serré dans mes bras, puis je l'ai quitté une fois elle s'est calmée. M'a-t-elle posé la question si K'mel allait bien ou s'il avait besoin de quelque chose ? A-t-elle proposé de soutenir ses beaux-parents dans cette épreuve, de quelle manière que ce soit ? M'a-t-elle posé la question dans quelle prison K'mel était incarcéré et a-t-elle demandé son adresse pour lui écrire ? Rien de tout cela ; elle ne cherchait qu'à satisfaire sa vanité.

J'étais triste de constater à quel point la prison nous a laissé seuls. A part ses parents, deux de ses six frères et moi-même, K'mel n'avait vraiment plus personne. Juste avant de partir en prison, il avait rêvé qu'il était sur le toit d'un grand immeuble qui s'écroulait, pendant que tout le monde le regardait sans lui porter secours. L'un de ses frères riait de sa mésaventure et seul Nasser lui a tendu la main pour l'empêcher de tomber. Quelques semaines après avoir fait ce cauchemar, K'mel est « tombé » en prison et seul Nasser a demandé le permis de visite parmi ses six frères. Walid a demandé le sien quelques mois plus tard.

N'ayant pas réussi à obtenir une réponse satisfaisante de la part de notre avocat, j'ai décidé de contacter d'autres et peut-être entamer une nouvelle procédure pour faire condamner l'administration pénitentiaire pour ce transfèrement hautement préjudiciable qui a empêché K'mel de se présenter devant le juge et plaider sa cause. Lorsqu'on attend plus de deux ans pour avoir une audience, il s'agit d'une violation des droits de l'homme pour laquelle l'état doit être tenu responsable. Selon *Slate*, la France est placée 8ème (sur 47) au nombre de jugements qui portent sur les infractions à la Convention européenne des droits de l'homme,[21] le plus souvent pour les violations du procès équitable et la lenteur des procédures. Devant la France, seulement les pays peu démocratiques détiennent le palmarès, à savoir la Turquie, l'Italie, la Russie, l'Ukraine, la Pologne, la Roumanie et la Grèce.

Alors j'ai contacté le pôle enquêtes de l'Observatoire international des prisons, une association de défense des droits des détenus qui a le statut consultatif à l'ONU, pour les informer de ce transfèrement. Je leur ai fourni des preuves que la maison d'arrêt de Fresnes a été informée de l'ordre d'extraction du procureur et de la date d'audience pour la

---

[21] Raphaël Czarny, *La France est souvent condamnée par la Cour européenne des droits de l'homme à cause de son système judiciaire. Comme toute l'Europe*, Slate, 10 janvier 2014, https://www.slate.fr/monde/82129/cour-europeenne-des-droits-de-homme

confusion de peines, j'ai transmis la correspondance avec l'association Wake Up Café qui a informé la directrice du Service pénitentiaire d'insertion et de probation, ainsi que mon fax envoyé au greffe de la maison d'arrêt. Mon courriel était concis, mais suffisamment détaillé. « Ce transfert, dont nous avons demandé la suspension à plusieurs reprises, l'a empêché de se présenter à l'audience de confusion de peines qu'on attendait depuis presque deux ans, qui allait rapprocher la fin de sa peine et peut-être le rendre immédiatement aménageable. L'audience a été repoussée au mois de mai 2019, rendant impossible toute demande d'aménagement de peine jusqu'à cette date. De surcroit, un sac de vêtements a été égaré pendant le transfert, on lui a remis un sac avec des affaires appartenant à un autre détenu. »

L'OIP a contacté le bureau de gestion de la détention à la Direction de l'administration pénitentiaire, plus haute autorité avant le Ministère de la justice qui se trouve à Fresnes, pour en connaitre davantage sur les raisons des transferts de K'mel. Ils ont également contacté notre avocat pour connaître le nom du procureur afin de lui écrire et demander une audience plus rapprochée. Quelques jours plus tard, l'avocat nous a transmis la réponse de la directrice de la sécurité et des détentions, expliquant qu'un dossier d'orientation a été initié depuis le mois de mai au vu de son quantum de peine et que l'affectation au Centre pénitentiaire d'Orléans Saran a été communiquée à Fleury le 10 décembre, la veille du transfert. En revanche, elle a confirmé être au courant de la requête en aménagement de peines depuis le mois de septembre et qu'une mention avait été porté sur le dossier d'orientation, mais malgré les diligences de plusieurs services, il n'a pas été possible d'annuler le transfert.

Nous ne voulions pas contester le transfert en soi, mais le manquement de l'administration au devoir de laisser K'mel se présenter à son audience qu'il attendait depuis presque deux ans. Deux avocats parisiens m'ont mis en garde contre un éventuel recours administratif qui pourrait mettre K'mel en danger pendant sa détention. En attendant sa libération sous bracelet, on ne doit surtout pas faire trop de vagues afin de le protéger.

Un soir, après le travail, je suis allée m'entretenir avec Maître Jean Marc Rémy, un avocat parisien qui m'a été recommandé par un autre professionnel de droit. J'ai toujours eu un grand respect pour Maître Rémy, même s'il ne m'a jamais représenté dans une affaire, à cause de ses compétences et son intégrité sans faille. Il m'a expliqué qu'un recours administratif n'aurait aucun intérêt, car il pourrait durer plusieurs années et apporter un résultat dérisoire. Effectivement, la France est souvent condamnée par la CEDH pour les violations des droits de l'homme, mais ces condamnations n'apportent pas des changements souhaités. La justice manque de moyens et les juges reçoivent deux cents dossiers par semaine au lieu de cinquante, d'où les délais impressionnants pour obtenir une audience. Il a ajouté qu'il ne servirait à rien si j'écrivais au tribunal moi-même, car les audiences ne peuvent pas être avancées.

« Ce transfert vous a causé un préjudice mais il s'agit tout simplement d'une coïncidence, » m'a-t-il expliqué. « L'administration pénitentiaire n'a rien contre vous, ils ne savent même pas que vous existez. Considérez-vous chanceux car vous êtes en France, où les droits de l'homme sont quand même respectés. Vous êtes dans une démocratie. Certes, elle n'est pas parfaite, les conditions de détention ne sont pas aussi idéales comme dans les pays scandinaves, mais nous sommes beaucoup plus avancés en termes de droits de l'homme que certains pays arabes où on coupe les mains aux voleurs, ou les Américains qui ont la peine de mort et qui prononcent les peines de prison à vie pour des délits mineurs, s'ils sont répétés trois fois. »

Maître Rémy avait raison, il fallait nous estimer chanceux de vivre en France. Il est vrai qu'aux Etats Unis on peut écoper d'une peine de prison à perpétuité si on commet trois délits, même mineurs. C'est la loi des trois coups (*three strikes law*), destinée à mettre à l'écart les récidivistes, qui frappe le plus souvent les délinquants poursuivis pour des vols ou des cambriolages, commis sans violence. Une loi qui ne laisse aucune chance à la réinsertion ou la réhabilitation, qui refuse toute idée qu'un délinquent puisse changer. Ainsi, un récidiviste nommé Jerry Dewayne Williams a pu être condamné à la prison à perpétuité pour avoir volé une part de pizza sur la plage, alors qu'il était ivre, ou encore Kelly Turner, qui a signé un chèque sans provision pour seulement $146.00. Des gens ont été condamnés à vie pour avoir volé des chaussettes, pour avoir entré par effraction dans les locaux de la soupe populaire ou encore pour avoir volé des clubs de golf.[22] Est-il vraiment utile de garder autant de gens en prison, si un détenu coûte $50,000.00 par an aux contribuables ?

Il existe des associations caritatives qui proposent aux bénévoles d'écrire aux détenus pour leur apporter le soutien moral dans les épreuves qu'ils traversent, pour prier avec eux et même pour leur donner des conseils juridiques. En France, l'association Courrier de Bovet transmet les lettres des bénévoles aux détenus, sans dévoiler leur adresse afin de les protéger, mais les bénévoles ne peuvent pas choisir le détenu à qui ils vont écrire. Aux Etats Unis, le site WriteAPrisoner.com permet de consulter les profils des détenus et indique leur nom et prénom, leur date de naissance, leur orientation sexuelle, leur confession religieuse, la nature de leur condamnation, la durée de leur peine et l'adresse complète de l'établissement où ils sont incarcérés. En France, il paraît impensable de dévoiler une telle quantité de données personnelles, mais les Américains ont une vision différente de la liberté et leur premier souci est de permettre aux détenus de

---

[22] Tracey Kaplan, *Battle over California's Three Strikes Law reflected in faces of now-freed prisoners for life*, The Mercury News, July 1, 2011.

trouver de l'espoir à travers la correspondance, pour que ces derniers puissent maintenir un lien avec le monde extérieur. Parfois, on tombe sur des profils des condamnés à la perpétuité et la brutalité de l'annonce de leur condamnation laisse perplexe. *Sentence : life.* Verdict : la vie.

Je parcours le site WriteAPrisoner.com qui répertorie les annonces des détenus qui cherchent des correspondants et je tombe sur le profil d'un jeune portoricain, Angel Acevedo, âgé de 27 ans et condamné à la prison à vie sans possibilité de remise en libération conditionnelle. Son annonce m'a particulièrement interpellée : « Je suis cap-verdien, portoricain et amérindien. J'ai une petite fille qui m'aide tous les jours à rester sain d'esprit. Je suis incarcéré pour un meurtre que je n'ai pas commis et je suis en train de faire appel afin de prouver mon innocence. J'y suis depuis 2015. Au cours de ces 3 années, j'ai rapidement appris qui étaient mes vrais amis et qui étaient des faux. Je cherche des conversations intéressantes et des éclats de rire qui nous aident à traverser ces journées et ces longues nuits. Je suis persuadé que je rentrerai bientôt chez moi pour être avec ma fille et les vraies amitiés que j'ai construit ou entretenu. J'attendrai de recevoir vos nouvelles. Merci pour le temps que vous avez passé à lire ceci... je vous parlerai dès que je le pourrai ! »

Evidemment, sa déclaration d'innocence m'a poussé à chercher davantage d'informations sur sa vie. En parcourant quelques articles de presse consacrés à son affaire, je découvre le podcast d'un journaliste qui a suivi son procès au tribunal et qui a été étonné et attristé par le verdict.[23] Natif de Bedford près de Boston, Angel grandit dans la violence des gangs et devient délinquent dès l'âge de quatorze ans. A son actif, l'organisation d'une attaque contre un lycée d'un quartier concurrent et le trafic de drogue. Dans la rivalité entre les

---

[23] Curt Brown, *Courtside with Curt: Justice in the murder of Aaron Gant Jr.*, June 15, 2018, https://omny.fm/shows/south-coast-today/courtside-with-curt-justice-in-the-murder-of-aaron

quartiers ouest et sud de la ville, il survit à une attaque armée et reçoit deux balles, dont l'une au visage, pendant que sa petite amie reçoit une balle dans la cuisse. A l'hôpital, il avoue qu'il connait l'identité des tireurs mais refuse de coopérer avec la police, préférant régler les comptes lui-même. C'est le *code de la street* avec lequel on ne plaisante pas. Avec son ami Aaron Bookman, il organise des représailles, loue une voiture immatriculée à Maine et passe la soirée du réveillon à rechercher l'auteur de la fusillade. Ils le localisent au volant d'une voiture, tirent sur lui mais il s'en sort avec une blessure sans gravité. En revanche, un innocent qui se trouvait dans la voiture reçoit six balles dans la tête et perd la vie. Acevedo a loué et conduit la voiture, mais c'était Bookman le tireur.

Il n'y avait pas de témoin, l'arme du crime n'a pas été retrouvée et les téléphones portables n'ont pas borné pour se connecter au réseau sur les lieux du drame. Lorsque les deux prévenus roulaient dans les rues non couvertes par les caméras de vidéosurveillance, les enquêteurs ont déduit leur itinéraire en éliminant celles dotées par les caméras que les prévenus *n'ont pas prises*. Et pourtant, à la fin du procès qui a duré quatre semaines, les jurés ont prononcé le verdict après moins de trois heures de délibéré : la perpétuité sans possibilité de libération conditionnelle pour les deux coaccusés. Angel est incarcéré dans un établissement de sécurité maximale ou 'supermax', Souza-Baranowski Correctional près de Boston, nommé d'après deux surveillants pénitentiaires qui ont été tués par les détenus dans les années 70. Je jette un coup d'œil pour voir à quoi ressemble cette prison et découvre des images semblables à celles de la série télévisée Oz, le mobilier cloué au sol ou aux murs, les vidéos d'émeutes de 2017 causées par une bagarre entre deux chefs de gangs… je découvre l'univers de ceux qui n'ont plus rien à perdre.

Sur le site WriteAPrisoner.com, je vois une multitude de gens qui ont des tatouages, signe d'appartenance aux gangs.

J'en vois des dizaines qui sont incarcérés très loin de leur état d'origine, qui ne doivent pas recevoir beaucoup de visites familiales. Je vois un Libanais né au Texas et détenu en Louisiane[24] qui a pris quatre ans pour la détention d'armes, chose que je croyais légale aux Etats-Unis. Un autre, né en Pennsylvanie mais détenu en Floride[25], un vétéran de guerre en Afghanistan et décoré d'une médaille, a pris vingt ans pour avoir revendu des armes volées. Un rappeur de Philadelphie détenu en Floride, D-Block Bucky, purge une peine de perpétuité pour meurtre à 1,640 kilomètres de chez lui. Les peines sont d'une durée impressionnante, je vois un homme de Nouvelle Orléans détenu à Kentucky[26] pour meurtre et libérable en 2117, puis un natif d'Ohio détenu au Nebraska[27] pour meurtre et libérable en 2111. L'exemple le plus frappant a été le cas d'un Nigérian de Lagos qui a pris une peine de quarante ans pour une arnaque sur l'internet. Mais contrairement à Angel Acevedo, ces hommes sont libérables dans un lointain avenir, car notre espérance de vie peut probablement s'allonger d'ici un siècle.

Aux Etats-Unis, il est possible d'écrire aux détenus par le biais de la société JPay.com qui vous facture en moyenne 70 centimes pour un mail reçu ou envoyé. Pour la prison Dade Correctional Institution en Floride, on paie 0.39 centimes pour un mail sortant et 0.44 centimes pour un mail entrant. Cela veut dire que le détenu est facturé même lorsqu'il reçoit des mails imprimés. Si vous envoyez 10 dollars à un détenu, vous serez facturé 1.95 dollars pour un virement en ligne et 2.95 dollars pour un paiement par téléphone. Si vous envoyez 300.00 dollars, ça vous coûtera 12.95 dollars. Pour la prison Louisiana State Penitentiary, vous devez ajouter 0.50 centimes par paiement.

---

[24] 1,035 kilomètres
[25] 1,670 kilomètres
[26] 780 kilomètres
[27] 1,430 kilomètres

En lisant des articles sur ces hommes et ces femmes condamnés à des peines de perpétuité, parfois même des peines de mort, je remercie Dieu que nous sommes en France, où les peines de perpétuité sont rarement appliquées, où même les gens condamnés à de très longues peines peuvent espérer une réinsertion dans la société. Je remercie Dieu qu'en France nous n'avons pas des gangs aussi dangereux que Mara Salvatrucha, les Crips ou les Bloods, qui exécutent leurs rivaux aux coups de machette et arrivent même à gérer les prisons et commanditer des crimes commis à l'extérieur. Je suis reconnaissante car les détenus en France n'ont pas une espérance de vie réduite de deux ans pour chaque année d'incarcération, comme c'est le cas aux Etats-Unis. Le think tank américain Prison Policy Initiative estime qu'avec plus de 2,3 millions de détenus, l'incarcération de masse a raccourci de cinq ans l'espérance de vie globale aux États-Unis.[28] Hantée par ces horribles tragédies humaines, je suis reconnaissante qu'en France nous pouvons encore avoir de l'espoir.

---

[28] Emily Widra, *Incarceration shortens life expectancy*, Prison Policy Initiative, June 26, 2017, https://www.prisonpolicy.org/blog/2017/06/26/life_expectancy/

9.

Après le transfert de K'mel, à quelques semaines d'intervalle, deux de ses compagnons de Fleury, Samir et Raouf, ont été libérés en fin de peine. J'ai décidé de les rencontrer afin de les interroger au sujet de leur quotidien en prison, pour imaginer à quoi pouvait ressembler l'environnement de K'mel et de quoi était fait son quotidien. Ils ont tous les deux accepté de me raconter quelques détails au sujet de leur détention, qui m'ont beaucoup fait réfléchir.

Samir est originaire de la Seine Saint Denis, il est le père d'une petite fille et travaille comme chef cuisinier. Depuis que K'mel l'a rencontré, il nous a demandé d'emmener sa mère avec nous au parloir car elle avait des difficultés à se déplacer et ne vivait pas très loin de chez nous. Alors, chaque vendredi matin, j'appelais Fleury pour prendre un rendez-vous pour elle et pour nous, et même si la plupart du temps j'arrivais à réserver les mêmes horaires, il arrivait que mon appel passe trop tard et que j'obtienne des créneaux différents ou qu'il ne reste plus de places après huit heures du matin.

Nous avons beaucoup apprécié la compagnie de Dounia, la mère de Samir. Elle était cultivée et gentille, elle vivait la même expérience que nous et ce traumatisme en commun nous a rapprochés. K'mel nous a présentés justement dans le but qu'on se soutienne mutuellement.

« Tu ne comprendras jamais assez la douleur d'une mère qui a un fils incarcéré, » m'a-t-elle dit un jour, alors que nous étions assises avec la mère de K'mel sur un banc devant l'entrée principale de Fleury. « Tu es sa copine, tu l'aimes et il te manque. Tu espères le retrouver et que tout sera comme avant une fois il est libéré. Mais une mère se pose beaucoup d'autres questions qui la torturent, si elle a fait des erreurs lorsqu'elle l'a élevé, si tout ça était de sa faute, si la faille venait de son éducation... »

La mère de K'mel a hoché la tête pour confirmer qu'elle ressentait la même chose.

« Il ne faut pas vous en vouloir, » je lui ai répondu. « Ils sont trop jeunes. Ils n'ont pas accès aux bonnes écoles ni aux emplois qualifiés, mais rêvent de vivre leur jeunesse et veulent acquérir les mêmes produits de marque que leurs amis du quartier. Je pense plutôt que ces disfonctionnements viennent de leurs mauvaises fréquentations, de leur entourage et des leurres de la société consumériste. »

Au mois de décembre, à deux reprises, il m'est arrivé de ne pas réussir à prendre le rendez-vous parloir pour Dounia car les lignes étaient tellement encombrées que j'ai réussi à obtenir seulement notre rendez-vous. Alors je me suis dit que ça devait être le signe du destin, car je n'avais jamais eu le même problème pendant plusieurs mois où j'arrivais toujours à joindre quelqu'un en ligne. Je me suis dit que c'était un signe du destin et que Samir allait être prochainement libéré, que ce n'était plus la peine de prendre des parloirs pour lui et qu'un autre détenu en aurait plus besoin. Je l'ai senti et je l'ai dit à Dounia, en m'excusant auprès elle de ne pas avoir réussi à prendre son rendez-vous.

Dieu soit loué, son fils a été notifié courant le mois de décembre qu'il allait finir sa peine sous bracelet électronique.

Avec la mère de K'mel et son frère Nasser, nous sommes allés le visiter à sa libération et nous avons pu parler avec lui de son expérience. Il a raconté qu'à une reprise, il a été placé au mitard et sa mère n'a pas eu de ses nouvelles pendant quinze jours. Désemparée, elle a envoyé un courrier au Ministère de la justice et Samir a été convoqué au bureau du chef du bâtiment.

« Lorsque j'ai été reçu au bureau du chef, il m'a demandé pourquoi ma mère se plaint, j'ai répondu que ce n'était pas vrai, mais il m'a apporté la preuve. Il m'a sorti un imprimé qu'elle a envoyé au ministère de la justice. Je lui ai expliqué que c'est une mère de famille, qu'elle a agi de sa propre initiative et qu'elle s'est inquiétée... Il m'a demandé si j'étais au courant de sa démarche, j'ai répondu que non, mais qu'il ne faudrait pas lui en vouloir pour ça. Il m'a dit que si j'ai le moindre problème avec qui que ce soit, si j'ai la moindre demande, que je lui écrive directement, que je n'hésite surtout pas. Et puis, j'ai eu deux ou trois demandes qui ont été respectées. J'ai demandé une cellule individuelle et deux mois plus tard elle m'a été accordée, alors que les autres attendent pendant un an. Avant cet incident, ils refusaient toutes mes permissions ; après cette explication avec le chef, ils m'ont laissé sortir, bien que je n'aie pas eu un comportement exemplaire. »

« Donc ta détention se passait mal, jusqu'à ce que ta mère envoie un courrier au ministère pour se plaindre, et tu as pu bénéficier d'un traitement de faveur ? »

« Voilà. Il m'a fait comprendre que si on arrête les plaintes, ça se passerait mieux pour moi. »

« C'est une menace », Nasser a fait remarquer.

« C'est une menace avec des moyens intelligents. Il a bien choisi les termes qu'il a utilisés. Je lui ai dit que je demanderai ma mère d'arrêter d'envoyer des plaintes. »

« C'est une intimidation... »

« Je lui ai fait comprendre que je n'ai peur de personne. »

« Tu m'as dit que tu as voulu faire appel à ton jugement, mais tu t'es désisté pour pouvoir faire ton aménagement de peine ? »

« Parce que j'attendais qu'on me convoque à une audience pendant un an et je n'ai pas reçu de convocation. Alors soit j'attendais la convocation pour avoir une audience et je finissais ma peine, soit je me désistais car j'avais la possibilité d'aménager ma peine et de sortir plus rapidement. »

« Tu étais obligé d'arbitrer entre deux options. »

« J'ai dû faire un choix. Au bout d'un an, je n'avais toujours pas eu de proposition de date d'audience. »

« Ils aurait dû te laisser en liberté en attendant la fin de ton jugement pour que la peine devienne définitive... »

« Non, la loi dit bien que j'ai été condamné à une peine de vingt-huit mois ; vu que c'était plus de deux ans, je ne pouvais pas rester libre, j'étais obligé de passer par la case prison avant de pouvoir faire appel. »

« Imaginons que tu étais relaxé en appel ? »

« C'est sûr qu'avec le dossier que j'ai, en appel je sortais à la barre. C'est pour ça qu'ils n'ont pas donné de date, parce qu'ils savaient qu'ils allaient me faire sortir. »

« Ils nous ont fait la même chose. Ils nous ont dit que si tu fais une requête en confusion des peines, ça t'empêche de demander un aménagement. »

« Tu choisis. »

« Ce n'est pas normal d'attendre deux ans pour une audience pour qu'à la fin tu te désistes. »

« Tant que tu es dans la confusion des peines, tu ne peux pas aménager la peine. C'est impossible, c'est comme si tu étais en appel. Ça bloque la procédure, on ne peut pas déposer le dossier au JAP. C'est pour ça que j'ai conseillé K'mel de ne pas faire cette procédure. Comme je lui ai dit, il fait moins d'un an, il fait un dossier d'aménagement de peine et il sort. »

« C'est pour ça que l'avocat nous a dit de nous désister. »

« Oui. Même si c'est trois ans et demi, en moins d'un an tu sors, parce qu'il y a des réductions des peines, il y a des RPS, du coup trois ans et demi ça devient deux ans et demi, à six mois tu es aménageable. Donc en moins d'un an tu sors. Tu as un bon dossier, un bon comportement, aucun rapport d'incident... »

Puis, courant le mois de janvier, Raouf a été libéré en fin de sa peine, quelques jours avant son trentième anniversaire. Il a bénéficié de quarante-deux jours de remises de peine supplémentaires, pour ses huit derniers mois de détention sans rapport d'incident. Né à Annaba en Algérie, il est entrepreneur dans le domaine agroalimentaire et père de deux petits garçons. Cette fois-ci, c'était sa troisième incarcération et je l'ai rencontré afin de l'interviewer au sujet de son séjour à Fleury.

« Quelle est la différence entre Fleury et Fresnes ? »

« A Fleury il y a des douches en cellule, à Fresnes il y a la douche à l'extérieur, que trois fois par semaine, tu te réveilles tôt le matin sinon tu ne vas pas à la douche ; à Fleury on peut demander un frigo, à Fresnes il n'y en a pas ; à Fresnes ce n'est pas propre, c'est sale, il y a des rats qui tournent, à Fleury les cellules sont propres, c'est tout neuf, la peinture est neuve ; à Fleury on a une grande promenade, on peut sortir à deux cents personnes, et à Fresnes chaque dix cellules ont une promenade, comme un air de jeu. On n'est pas beaucoup en promenade, parfois que trois ou quatre le matin. On sort deux fois par jour, deux heures le matin, deux heures l'après-midi. »

« Parle-moi de tes codétenus. Tu en as eu combien en une année ? »

« Tu peux en avoir beaucoup en un an. J'ai eu peut-être cinq ou six personnes. Il y en a qui sont sortis, il y en a qui sont transférés, il y en a qui sont partis au mitard, s'ils l'attrapent avec quelque chose dans la cellule il ira au mitard et il va changer... »

« Après le mitard, on change toujours la cellule ? »

« Pas tous les étages, pas tous les bâtiments, ça dépend du lieutenant. Celui qui revient du mitard, on ne peut pas être avec lui en cellule. Mais j'ai un ami qui est revenu dans sa cellule. On va le transférer, mais au bout d'un mois, il peut faire la demande de revenir avec son ancien codétenu, mais c'est une galère. »

« C'est pour séparer les gens, pour éviter qu'ils fassent du trafic ensemble ? »

« Exactement. Il y a des gens qui forcent les autres en prison. Celui qui a tout dans sa cellule, du shit, des cigarettes, de la nourriture, il va ramener un détenu qui n'a rien. L'un a tout, l'autre n'a rien. Un indigent qui n'a pas de famille, qui reçoit 20,00€ par mois. Alors celui qui a tout partage ce qu'il a avec lui, il lui donne du shit, ils font à manger tous les deux, mais s'ils retrouvent quelque chose dans la cellule, un téléphone ou du shit, c'est le pauvre qui n'a rien qui va assumer. Il dira 'c'est à moi' mais ce n'est pas à lui, c'est à l'autre. »

« Il accepte volontairement ? »

« Oui, c'est volontaire, c'était déjà prévu, il est venu pour ça. »

« Et ce pauvre ne peut pas refuser ? »

« Il y a des cas où c'est forcé. Ça dépend des gens. Il y en a qui font rentrer du shit au parloir, pour des autres, car ils ont été forcés. On leur dit par exemple, si tu ne fais pas rentrer 500 grammes de shit pour moi, tu ne descends plus en promenade. Je l'ai vu moi-même, de mes propres yeux. Et si l'autre personne ne lui ramène pas, il change d'étage ou de bâtiment. »

« On le frappe ? »

« Bah oui, s'il descend, tout le monde va le taper. Ça se passe comme ça en prison. Il y a des gens qui vendent, il y a plein de trafics, des iPhone 6 qui coûtent mille euros... Il y a beaucoup de surveillants qui trafiquent. Ça ne fait pas longtemps, ils ont trouvé vingt-sept iPhones tout neufs chez quelqu'un dans sa cellule, avec la boîte. Ce sont des ERIS[29] qui ont attrapé ce monsieur-là, un groupe spécial qui porte des casques comme des CRS. Ils sont venus à minuit, ils ont ouvert la cellule, ils ont tout fouillé, ils ont trouvé les vingt-sept téléphones. C'est les surveillants, toujours ils trafiquent... »

« Raconte-moi l'histoire du monsieur qui s'est suicidé en face de toi. Est-ce que tu te souviens de son nom ? Il avait quel âge ? »

« Il avait peut-être trente-huit ans. Un jour, j'étais dans ma cellule, j'attendais que les surveillants de cantine viennent, et du coup en face de moi il a ouvert, il a commencé à crier, 'il y a quelqu'un qui s'est pendu' et il y avaient des auxi[30] qui étaient avec eux, ils l'ont descendu, ils l'ont mis par terre, ils l'ont allongé, ils lui ont retiré le drap, il a déchiré le drap pour se suicider, à côté des toilettes il y a des trous, il a accroché ça là-bas, il a mis la chaise, il a monté et il s'est pendu, dans les toilettes. »

« Ils ont mis combien de temps pour le découvrir ? »

« Peut-être une heure après. »

« Il avait un codétenu ? »

« Non, il était seul. Nous au quatrième étage, on a des cellules individuelles. Tous les détenus sont seuls, mais juste au quatrième étage. »

« Tu sais un peu plus sur lui ? Sa peine était longue ? »

---

[29] ERIS : les Équipes Régionales d'Intervention et de Sécurité sont des unités d'intervention chargées du maintien de l'ordre dans les prisons françaises.
[30] Les auxiliaires sont des détenus qui travaillent dans les services généraux d'une prison.

« Non, il était en mandat de dépôt. »

« Pourquoi il était au D1 s'il était au mandat de dépôt ? »

« Il était en mandat de dépôt criminel. »

« Les gens en mandat de dépôt ne sont pas au D1. »

« Si, si, il y en a au D1, mais que criminel, pas correctionnel. En correctionnel tu vas au D2. »

« Criminel, ça veut dire qu'il passe aux assises ? »

« Exactement. Criminels DPS,[31] trop dangereux... Il était là pour terrorisme apparemment. On m'a raconté qu'il a vendu une arme à quelqu'un, ce quelqu'un l'a revendu à quelqu'un d'autre, qui l'a revendue, elle est passée en quatre ou cinq mains, et le dernier l'a vendu au terroriste de Nice. Ça faisait dix-huit mois qu'il était en mandat de dépôt, ils ont expulsé sa famille et ses enfants en Albanie, c'est pour ça aussi qu'il s'est suicidé, pas seulement parce qu'il était en prison. Il ne voyait plus ses enfants et il est devenu un peu bizarre, il prenait des médicaments, il disait aux gens en promenade qu'il entendait des trucs, dans sa tête, dans ses oreilles, 'j'entends des voix, des gens qui me parlent...' »

« Ça veut dire qu'il était atteint de schizophrénie et qu'il aurait dû être hospitalisé. »

« Normalement il était suivi par un psychiatre, je ne comprends pas pourquoi ils l'ont laissé là-bas. »

« Parce qu'ils n'ont pas de place dans les hôpitaux et ils se débarrassent des gens pour les mettre en prison. »

« De toute façon, au D1 il y a beaucoup de fous, il n'y a pas que lui. Des gens vraiment pour la psychiatrie. Ils crient tous

---

[31] Détenu particulièrement signalé qui présente un risque important d'atteinte à l'ordre public et nécessite une vigilance accrue et des mesures spécifiques de surveillance.

seuls, ils ramassent des mégots par terre… Mais ils ne partent jamais à l'hôpital. Le psychiatre les voit chaque mois. »

Raouf a expliqué que le bâtiment D1 était réservé aux détenus qui viennent d'être jugés en comparution immédiate, ceux qui ont pris des peines plus longues et ceux qui étaient en mandat de dépôt criminel. Le D3 était réservé aux petites peines d'une durée inférieure à un an. Le D4 était prévu pour les détenus en formation et servait aussi comme lieu d'observation et d'orientation. Les bâtiments D2 et D5 étaient réservés aux prévenus, c'est-à-dire les détenus en mandat de dépôt qui viennent des gardes à vue et attendent toujours les éléments de l'enquête et leur jugement, ou alors qui ont fait appel à leur jugement alors qu'ils étaient incarcérés. Ces deux bâtiments étaient très surveillés et les détenus n'avaient pas droit aux parloirs ni aux appels téléphoniques pour la plupart. A titre d'exemple, Samir était au D5 pendant sa procédure d'appel et il a été transféré au D1 lorsqu'il s'est désisté. Seuls les terroristes changeaient de bâtiment tous les quelques mois et il y en avait dans tous les bâtiments de Fleury.

L'homme en question s'appelait Aleksander Hassala, il avait 38 ans et il s'est suicidé le 8 juin 2018. Il était mis en examen pour son implication dans l'attentat de Nice du 14 juillet 2016 (86 morts et 458 blessés) car il a vendu un pistolet et une kalachnikov à un couple d'albanais, qui les ont eux-mêmes vendus à un proche du terroriste. La justice s'apprêtait à requalifier son accusation pour le reconnaître comme un prévenu ordinaire, mais c'était déjà trop tard pour Aleksander Hassala. Un journaliste de la *Libération* raconte qu'un corbeau venait régulièrement se poser sur la fenêtre de sa cellule.[32]

---

[32] Willy Le Devin, *Attentat de Nice : accusé à tort de terrorisme, retrouvé pendu à Fleury*, Libération, 31 juillet 2018, https://www.liberation.fr/france/2018/07/31/attentat-de-nice-accuse-a-tort-de-terrorisme-retrouve-pendu-a-fleury_1670038

« Raconte-moi tes relations avec ta SPIP s'il te plait. »

« En fait, ma SPIP ne m'a jamais appelé. Je suis resté 10 mois et je ne l'ai jamais vu et à chaque fois je lui écris une lettre pour la voir, elle dit qu'elle n'a pas le temps, 'si vous voulez, vous pouvez m'écrire, demandez directement par lettre' soit des rendez-vous annulés, par exemple elle te fixe un rendez-vous à 15h, j'attends, je ne sors pas en promenade, elle ne vient pas ; à 16h elle ne vient pas, à 17h elle ne vient pas, et ils disent qu'elle n'était pas là. »

« Je te le demande car les SPIP sont obligés de recevoir des détenus quatre mois après leur arrivée. Normalement, je pensais qu'ils recevaient les détenus dès leur arrivée. »

« Non, on est reçus par le secrétariat du SPIP, pas par la CPIP elle-même, ce n'est pas obligatoire. On est vus par quelqu'un c'est tout. Après, pour voir ton CPIP, il faut attendre. S'ils te disent quatre mois, je suis sûr qu'ils mentent car moi je l'ai vu au bout de dix mois. Après, elle me disait que j'avais cinq rendez-vous, mais à chaque fois il arrive quelque chose. »

« A toi ou à elle ? »

« À elle. Elle dit qu'elle ne vient pas car elle a eu un souci. »

« Nous avions la même CPIP que toi et apparemment elle est partie en vacances et elle n'est jamais revenue. »

« Elle est toujours en vacances. Elle travaille toujours, elle est encore là-bas mais à chaque fois je lui écris, elle est en vacances. »

« Il se passe quoi avec les gens qui ne savent pas écrire ? Comment ils font pour avoir un rendez-vous ? »

« Il voit son codétenu, s'il est seul il demande à quelqu'un en promenade, s'il n'y a personne pour lui écrire, il n'écrit pas. Il n'y a pas d'écrivain public. A Fresnes, où j'étais en 2012, il y avait un écrivain les mercredis, les jours de la bibliothèque. Mais à Fleury, la bibliothèque c'est chaque quinze jours et il n'y a pas d'écrivain. Je n'en ai jamais entendu parler. »

« Pour cinq mille personnes, ils n'ont pas d'écrivain public ? »

« Combien ? Il y en a plus. »

« Il y a cinq bâtiments, D1, D2, D3... »

« Six. Il y a aussi le centre des jeunes détenus. »

« Dans chaque bâtiment il y a mille détenus. »

« Plus. Dans chaque bâtiment il y a peut-être mille cinq cents détenus. »

« Tu as déjà vu des cellules où il y avait trois détenus ? »

« Oui. »

« Dans quelles circonstances on arrive à avoir des cellules avec trois détenus ? »

« La plupart du temps, c'est pendant l'été. Dans les cellules de trois personnes, il y a deux lits et il y en a un qui dort par terre. Il y a beaucoup de monde pendant l'été. »

« Pendant l'été il y a plus d'interpellations ? Il y a plus de prisonniers pendant l'été que pendant l'hiver ? »

« Exactement. Je ne sais pas pourquoi. »

« Pendant l'été il y a des vacances judiciaires et les tribunaux ferment entre juillet et août... Une fois tu voyais la CPIP, elle te parlait de quoi ? Comment ça se passait ? »

« Ce n'est pas bien car ils ne font rien pour nous. La CPIP ne peut pas t'aider grand-chose, elle peut juste te renseigner. Par exemple, pour mon bracelet, elle a appelé mon patron, il m'a fait un contrat de travail, mais il n'était pas accepté. »

« Tu sais pourquoi la demande n'était pas acceptée ? Ils t'ont envoyé un motif ? »

« Non, ils ne te le disent pas réellement. »

« Tu n'as jamais eu de bracelet dans ta vie ? »

« Jamais. Je n'ai jamais été accepté. Mais je ne suis pas né en France, c'est possible que ça joue aussi. J'ai bien vu des gens comme moi, d'origine arabe qui sont nés en France, ils sont considérés comme des français. J'ai une carte de séjour de dix ans, je suis né en Algérie. Ça ne marche pas, ils nous traitent comme des clandestins. Quelqu'un qui a une carte de séjour de dix ans, c'est la même chose. »

« C'est plus difficile d'aménager les peines des gens qui sont d'origine étrangère ? »

« Exactement. Les juges d'application des peines n'acceptent pas. Comme tu n'es pas français, ils ne te font pas confiance. »

« Ils pensent que la personne va fuir à son pays ? »

« Exactement. Je pense qu'ils pensent ça mais je ne sais pas. »

« Et les gens qui ont la double nationalité ? »

« Ils sont considérés comme des français. Ils les font sortir directement. Comme un pote à moi, on est rentrés en même temps, lui il est sorti et moi j'ai fini toute ma peine. »

« Il est sorti après combien de temps, ton ami ? »

« Il a pris trente mois et il est sorti après douze mois. »

« Comment il a fait ? »

« Il a déposé une demande d'aménagement pour la recherche d'emploi. »

« Pour rechercher un emploi ? Il n'avait pas de contrat ? »

« Même pas. Il est sorti en semi-liberté pour aller chercher du travail. »

« Il était là pourquoi ? »

« Stups, pour un terrain, un truc comme ça. »

« C'est quoi un terrain ? »

« Un terrain de shit, il vend du shit, tu vois ? Il est dans un immeuble, dans une cité... »

« Il louait un terrain à quelqu'un ? »

« Non, il travaille dans un même terrain, beaucoup de gens travaillent dans le même hall. »

« Est-ce que vous aviez un parcours similaire, est-ce que c'était sa première fois en prison et c'est pour ça qu'ils l'ont sorti ? »

« Non, ça ne veut rien dire. »

« Il a fait de la prison plusieurs fois ? »

« Oui, il a fait peut-être deux ou trois fois. »

« Il a eu son aménagement parce qu'il est français, tu penses ? »

« C'est ça, c'est sûr. Ils l'ont attrapé avec des téléphones et ils l'ont quand même laissé sortir. »

« C'est intéressant. »

« Je leur ai dit à tous, à la CPIP, je leur ai dit la même chose que je te dis. C'est parce que je suis un étranger que vous n'acceptez pas. »

« C'est possible. Tu m'as dit que le monsieur qui est dans la cellule à côté de la tienne va faire toute sa peine parce qu'il est étranger. C'est un Tunisien ? »

« C'est ça. »

« Est-ce que c'est parce qu'il n'a pas de logement ? »

« Lui, il n'a pas de papiers. Ce n'est pas le logement qui compte, c'est les papiers. Sans pièce d'identité valable en France, tu n'aurais jamais rien. Pas de démarches, rien. Tu ne peux même pas déposer une demande de permission. Tu peux juste avoir la permission pour aller à la préfecture pour demander ta carte de séjour. Si tu n'as jamais eu ta carte et tu veux faire ta demande, ils t'envoient. Mais si quelqu'un n'a pas de papiers, jamais ils ne laisseront sortir. »

« Toi, tu avais les papiers, tu avais un foyer, tu avais deux enfants, tu as une femme française et un contrat de travail et ce n'était pas accepté. »

« C'est refusé. »

« C'est terrible. »

« Ils font trop de différences en prison. »

« Peut-être ils se disent qu'un étranger est isolé, il ne peut pas se faire conseiller, il ne connait pas beaucoup du monde, il n'a pas de soutien, il ne saura pas ce qu'on lui a fait, alors qu'un français d'ici va pouvoir se renseigner, il va l'ébruiter... »

« J'avais envie de sortir pour aller travailler, mais comme j'ai fini ma peine, si j'étais sorti à la mi-peine... Mais à la fin de la peine, c'est trop tard... »

« Tu dis même que tu travaillais en prison, tu avais une activité professionnelle et tu n'avais pas de problèmes avec les autres... et ils ont quand même refusé ton bracelet ? Celui qui a été relâché après une petite période, il travaillait ou pas ? »

« Il y en a qui retournent vite en prison... Mon pote qui était en semi-liberté, deux mois plus tard ils l'ont remis encore en prison. Il y a des gens à qui ils font confiance mais ils reviennent vite. Mais quand quelqu'un a vraiment envie de tout arrêter, il reste en prison et il finit sa peine. »

« Celui qui veut arrêter avec la délinquance, ils le gardent jusqu'à la fin de la peine parce qu'ils savent qu'il ne va pas refaire un délit ? »

« Voilà. Et celui pour qui ils savent qu'il va revenir vite, ils le laissent repartir, pour que la justice travaille un peu. Je te promets que c'est ça. Ils relâchent les gens avec le bracelet électronique lorsque c'est certain que dans même pas deux ou trois mois il est là. »

« Et c'est arrivé à l'homme qui avait un terrain, il est revenu en prison après quelques mois ? »

« Oui. »

Pour finir, Raouf m'a raconté comment se passe le travail en atelier. Pendant toute sa première année de détention, il a travaillé en atelier en faisant du collage des échantillons de parfum dans les magazines ou l'empaquetage d'enveloppes, de prospectus ou de bonbons, pour un salaire fixé à la pièce. Ce travail n'était pas régulier et il était considéré comme une faveur par l'administration pénitentiaire. Mais un jour, il a refusé la fouille au corps en sortant de l'atelier car c'était le mois de Ramadan et il était en train de jeûner. Il a été placé au mitard et ses remises de peine supplémentaires ont été supprimées en fin de l'année. Depuis cette date, il a refusé de retravailler à l'atelier.

L'Observatoire international des prisons a qualifié le travail carcéral de « servitude organisée » car les détenus n'ont pas de contrat, ne reçoivent pas des indemnités de chômage, d'arrêt maladie ou d'accident du travail, ne bénéficient pas des jours de repos garantis ni d'un revenu minimum. « Être travailleur détenu, c'est se trouver dans une dissymétrie totale de la relation de travail, éprouver l'arbitraire, l'incertitude et le non-droit, »[33] cette ONG dresse le triste constat.

---

[33] Marie Crétenot, *Travail en prison : la servitude organisée*, Observatoire international de prisons – section française, 13 février

Dans le rapport du Contrôleur général des lieux de privation de liberté, qui a visité Fleury Mérogis, j'apprends que les salaires étaient différents selon la classe et que la moyenne journalière était entre 8,10€ pour classe 3 et 14,57€ pour classe 1. Le salaire mensuel allait de 79,42€ pour 70,30 heures et de 128,35€ pour 104 heures de travail. Pire encore, « en 2009, la masse salariale a diminué de 10,45% par rapport à 2008 et de 27,36% par rapport à 2006, » indique le rapport.[34] Or, on ne peut pas réinsérer les détenus en leur montrant l'inutilité de l'effort en leur donnant un travail qui ne paie pas même quand les résultats sont là et les objectifs remplis. En perpétuant ces pratiques de rémunération qui peuvent s'apparenter à la servitude, on rate l'objectif principal de la peine : son caractère éducatif.

« Tu te souviens des magazines dans lesquels tu collais les échantillons ? » j'ai demandé par curiosité.

« Pas vraiment... Je ne sais pas lire le français. »

2018, https://oip.org/analyse/travail-en-prison-la-servitude-organisee/
[34] Contrôleur général des lieux de privation de liberté, Rapport de visite : Maison d'arrêt de Fleury-Mérogis (Essonne) du 11 au 22 janvier 2010, CGLPL, page 64.

10.

Au travail, l'ambiance est devenue délétère. Tout a commencé avec un mail dans lequel le manager de notre manager nous a informé que la société allait licencier 15% des managers les mieux payés au niveau mondial, afin de faire les économies, et que tous les recrutements étaient gelés.

« Ce matin, il a été annoncé que le responsable des opérations mondiales avait été licencié hier. Son remplacement n'a pas encore été annoncé. La société a annoncé une réduction de 15% au niveau des SVP et d'EPV pour 2019 (beaucoup de ces postes sont basés aux États-Unis). Il y a également un gel des embauches dans la société, de sorte que tout recrutement en cours restera en attente. Je vais organiser une réunion pour vendredi si vous avez des questions. »

La banque a acheté une société d'édition des logiciels pour plus de deux milliards de dollars en émettant des obligations et de ce fait devait couper les autres budgets car son cours de bourse a chuté. En ce qui concerne la filiale française, elle cessera d'exister courant l'été et sera absorbée par la filiale allemande. Parmi les deux cents salariés, une petite partie restera en place et les autres seront licenciés. Les dirigeants français perdront leur capacité de signer les contrats et toute décision devra se prendre par les Allemands. A présent, même s'il voulait me remplacer, Bernard n'y arriverait pas, car mon poste serait tout simplement supprimé.

Nous sommes convoqués à une réunion d'information avec une invitée allemande qui nous explique la mentalité de ses concitoyens au travail et leurs méthodes d'organisation. Sa voix est monocorde, monotone et ennuyeuse ; elle fait penser à un robot. Elle dit que les Allemands sont très disciplinés, ils respectent les procédures et finissent toujours dans la journée ce qu'ils se sont engagés de faire. On peut faire confiance à leur efficacité et leurs communications vont toujours droit au but, au lieu de tourner autour du pot comme les français. Elle sous-entendait que les français n'étaient pas efficaces et organisés et qu'ils ne s'exprimaient pas clairement. Je lui ai répondu que le français était la langue de la diplomatie, car le fait d'atténuer les propos et d'ajouter des formules de politesse aide à établir des meilleures relations humaines. Les français sont beaucoup plus souples et doués pour trouver les solutions lorsqu'un projet rencontre un obstacle, car ils savent comment contourner les règles pour arriver à un objectif. Dans notre cas, nos systèmes informatiques sont très anciens et il nous faut imaginer les solutions manuelles pour les tromper et enregistrer les transactions selon les désirs du client. Comment les Allemands vont-ils s'en sortir avec nos systèmes internes s'ils ne savent pas improviser ? D'autres collègues lui ont posé les questions pourquoi la culture allemande ne s'exportait pas et ce qu'il y avait à visiter dans son pays. A part les forêts, elle n'a évoqué rien d'autre. Je me souviens d'un article de Financial Times qui disait que la ville de Düsseldorf était tellement ennuyeuse qu'on devait la visiter si on voulait mettre un terme à une relation amoureuse. A la fin de la présentation, je lui ai demandé si elle pouvait nous raconter une blague allemande pour nous faire rire. Mais comme je l'avais prévu, personne dans la salle n'a rigolé. Elle nous a enlevé toute envie d'aller visiter l'Allemagne en tant que touristes.

Dans les prochaines semaines, un plan social a décimé la moitié des troupes au septième étage, il ne restait encore que quelques commerciaux. Nous n'avions que deux étages et le nôtre, le sixième, est devenu la nouvelle cible. Le premier qui a été remercié était le global head de notre activité, celui qui a donné à Saïd un bonus et une plaque argentée attribuée aux meilleurs managers. Le département de risque a été démantelé, seul le manager est resté en place. Un ingénieur informatique qui travaille à mon étage avait demandé une augmentation qui lui était accordée, mais elle tardait à se mettre en place depuis des mois et il a osé poser la question à son manager. La réponse est venue telle une douche froide : celui qui t'a accordé l'augmentation ne fait plus parti de la société. Mais puisque tu es un bon élément, le mieux qu'on peut faire pour toi c'est de te transférer au siège aux Etats-Unis, pour te protéger du licenciement. Mouais.

Les têtes tombaient sans cesse, seul Bernard s'accrochait à son poste et remontait des problèmes techniques inexistants pour ralentir le projet et sécuriser sa place. Un collègue chinois m'a félicité car j'étais encore là, puisqu'aucun des autres analystes qui m'ont précédé n'ont dépassé six mois. Un par un, Bernard les faisait partir, en remontant leurs erreurs à la hiérarchie, pour se rendre lui-même indispensable. Dans mon cas, il s'apprêtait à me crucifier pendant ma période d'essai, mais par chance, le jour où il était absent, le service de recrutement est tombé sur Saïd qui leur a donné un retour élogieux sur mon travail et ma période d'essai a été confirmée. J'avais donc un contrat à durée indéterminée en poche et même si la banque fermait ses portes, ma SSII était obligée de me trouver un autre poste.

La saison de Noël est arrivée et chaque détenu avait droit de recevoir un colis de cinq kilos au maximum et rempli de produits alimentaires qu'il ne consommait pas en prison. C'était l'occasion de lui apporter de la viande, des plats cuisinés par leur mère, des chocolats et autres délices qui lui manquaient toute l'année. Tant pis si le détenu n'est pas chrétien, les autres fêtes religieuses ne sont pas observées et seuls les colis de Noël sont autorisés. Avec tristesse, je me suis souvenue de toutes ces mères et épouses des détenus de Fleury qui ont été refusées de parloir à l'occasion de la fête de l'Aïd, car elles avaient dissimulé de la viande sacrificielle dans leurs vêtements pour l'apporter à leurs fils. Je ne sais pas comment, mais à plusieurs reprises, Nasser a réussi à faire rentrer de la nourriture au parloir, tantôt un tajine tunisien, tantôt un sandwich grec et même une tarte aux poires et au chocolat. A Fleury, K'mel était un détenu modèle et ne subissait jamais des fouilles au corps visiblement réservées aux détenus écroués dans les affaires de stups. A Orléans, c'était très différent car les fouilles au corps étaient fréquentes quel que soit le statut du détenu, alors il n'a pas osé enfreindre les règles.

Nous avons apporté un peu plus de cinq kilos de nourriture et il nous fallait faire des arbitrages pour décider ce qu'on allait laisser de côté. Nous avons dû écarter la bsissa tunisienne[35] et le halva chamia[36] qui pesaient trop lourd sur la balance. La personne à l'accueil a tenté de refuser des chocolats Ferrero Rochers, emballés en papier aluminium, pour des raisons de sécurité. Les détenus sont inventifs et arrivent à faire entrer de la drogue dans les couches de leurs bébés, alors l'administration pénitentiaire ne prend pas de risque. Par chance, les chocolats étaient dans des boites hermétiquement fermées que nous avons ouvertes devant le surveillant, qui les a déposés dans des sacs de congélation. La prochaine personne a eu moins de chance, elle avait déjà ouvert sa boite de chocolats Ferrero Rocher et devait déballer chacun des bonbons avant de les donner à l'agent d'accueil pour contrôle. Il ne lui restait plus beaucoup de temps avant le début du parloir et il fallait se dépêcher. Avec ma future belle-mère et une autre jeune femme venue visiter son mari, nous avons décidé de l'aider et le colis de Noël a pu être déposé à temps pour arriver à son destinataire. Un à un, nous avons déballé les chocolats, conscientes que la moindre protestation peut entrainer l'annulation du parloir. Une jeune femme de Montreuil a été interdite de parloir pendant trois mois car elle avait oublié des pièces de monnaie dans sa poche et un autre monsieur a été refusé à l'entrée car il s'était présente en djellaba et n'avait rien d'autre au-dessous pour se changer.

---

[35] Plat préparé avec de la farine de blé ou d'orge et assaisonné à la marjolaine, à la coriandre, à l'anis et au fenouil, puis à l'huile d'olive.
[36] Pâtisserie préparée avec de la crème de sésame et répandue à travers le monde musulman, depuis le sous-continent indien à travers l'Asie centrale et les Balkans jusqu'au Maghreb.

Alors nous avons déballé les chocolats pour faciliter la tâche à la jeune femme qui venait à son tout premier parloir.

Je regardais ces chocolats pleins d'amour qui allait bientôt être reçus par une personne éloignée de sa famille. J'ai rarement vu des chocolats davantage remplis d'amour que dans ces instants, en préparant des colis de Noël pour les détenus de la prison d'Orléans Saran. En regardant par la fenêtre, mon cœur se serrait en voyant les enfants des détenus jouer à côté des barbelés, en attendant leur parloir de quarante-cinq minutes pour visiter leurs pères à la veille de Noël. Des moments qui passent beaucoup trop vite et qui laissent les cœurs en suspens, les yeux en larmes, les gorges serrées.

N'oubliez pas les détenus, les réfugiés, les malades et les personnes isolées dans vos prières et rendez grâce lorsque vous êtes bénis. Je poste cette petite phrase sur Twitter, avec une photo des barbelés et des hashtags #JoyeuxNoel, #MerryXmas, #joyeuxnoel2018, #Christmas.

Ces moments d'entraide et de solidarité nous ont aidé à tenir le coup, car nous pouvions partager notre détresse avec les autres familles qui étaient dans le même cas que nous. Parfois, ces rencontres nous aidaient à relativiser car d'autres familles étaient dans les situations bien pires que la nôtre. L'une des jeunes femmes que j'ai croisées avait caché l'incarcération de son fiancé à sa famille et devait mettre en place toute une stratégie pour venir le voir en cachette. Tout comme les frères de K'mel qui lui ont demandé d'utiliser l'adresse de leur mère pour la correspondance afin de garder le secret devant leurs femmes, cette jeune fille recevait les courriers de son fiancé chez sa future belle-mère afin de cacher le secret à ses parents. On peut dire que ces épreuves ont rapproché les familles, les belles mères et les belles filles, les détenus et leurs compagnes, quand elle ne les séparait pas définitivement. La prison stigmatise à la fois le détenu et sa famille, elle est souvent perçue comme une honte qui porte atteinte à l'honneur et à la réputation. Une jeune fille d'Epinay sous Sénart en Essonne, venue à son premier parloir en covoiturage, a subi des regards désapprobateurs lorsqu'elle a demandé au conducteur de la déposer à une adresse précise car elle ne connaissait pas bien la région d'Orléans. Lorsque le conducteur a vu qu'il s'agissait d'un centre pénitentiaire, tout d'un coup il est devenu glacial.

A Fleury, les familles doivent apporter le linge dans un sac zippé qui est contrôlé à l'accueil puis une liste est rédigée et soumise pour signature. A Orléans, n'importe quel sac passe, mais les familles doivent inscrire dessus le nom du détenu et son numéro d'écrou pour faciliter la gestion. Il faut préparer la liste soi-même et signer avant le dépôt. Il y a régulièrement des erreurs car les gens oublient que les vêtements bleus sont interdits, y compris le bleu turquoise et le bleu ciel, puisque les surveillants sont habillés en bleu et il faut pouvoir les distinguer des autres. Les serviettes de grande taille sont également interdites, pour éviter les pendaisons. Il arrive régulièrement que des articles soient refusés à l'accueil, ce qui engendre la frustration des familles. Une fois, nous avons oublié d'inscrire le nom de K'mel sur le sac et on nous l'a refusé à l'accueil. Une famille a apporté un CD de 93 Empire – une collaboration entre plusieurs rappeurs du moment, Sofiane, Vald, Soolking, Sadek, Mac Tyer, Heuss L'enfoiré et Kalash Criminel – qui a été refusé car le clip de la chanson *Woah* met en scène des surveillants pénitentiaires corrompus. Et pourtant, nous avions apporté un CD sans code-barres à Fleury qui a été refusé ; à Orléans, le même CD a été accepté.

Dans les locaux dédiés aux familles, un trou dans le mur témoignait de la détresse d'une personne venue visiter un détenu, qui a donné un coup de pied probablement suite à une mauvaise nouvelle.

Deux femmes venaient visiter des détenus en isolement et croyaient dur comme fer en innocence de leurs maris. Je me suis demandée ce que ça faisait de se retrouver dans une telle situation. Ces détenus ne sortaient pas en promenade avec les autres et les seuls contacts qu'ils avaient étaient avec les surveillants. A la différence des détenus dont la situation juridique justifiait un placement dans un quartier spécifique (QS), tels que le rappeur MHD ou Alexandre Benalla qui pouvaient au moins communiquer entre eux, les détenus en isolement ne pouvaient voir personne et partageaient le sort de Salah Abdeslam, comme s'ils étaient enterrés vivants.

J'ai posé la question à ces deux femmes comment leurs maris vivaient cette situation et si c'était possible de faire une demande pour qu'ils soient mélangés avec les autres. Elles m'ont répondu qu'il n'y avait pas de choix, que leur placement a été ordonné par le juge et qu'il y avait peu d'espoir qu'ils sortent de l'isolement. Et pourtant, Antonio Ferrara a réussi à regagner le quartier ordinaire grâce à un bon comportement ; à présent il est un détenu modèle, travaille comme barbier et pourra bénéficier d'une libération conditionnelle en 2033 pour finir sa vie avec sa femme et ses deux enfants. Il y avait donc de l'espoir pour leurs maris, quels que soient les faits qui leur étaient reprochés.

La première femme m'a raconté que son mari était innocent, qu'il a été incarcéré car il avait le malheur de croiser un camarade de classe qu'il n'avait pas vu depuis longtemps et qui s'est avéré être un dangereux proxénète albanais. Soupçonné de complicité, son mari a été écroué en attendant son procès. Or, j'avais énormément du mal à croire à son histoire, tout d'abord parce qu'elle n'était pas d'origine albanaise et la mafia de ce pays n'était pas connue par sa collaboration avec des réseaux mafieux issus d'autres communautés, puis je me disais qu'on ne plaçait pas un prévenu en isolement sans preuves, pour avoir simplement discuté avec un suspect. Je me suis dit que cette femme était bien naïve, mais que cette politique de l'autruche lui permettait de continuer à vivre sans porter le poids de la honte sur sa conscience. Elle était peut-être intègre et ne pouvait pas imaginer de vivre auprès d'un homme impliqué dans les affaires de proxénétisme, qui était peut-être père de ses enfants.

La deuxième femme m'a raconté aussi que son mari était innocent et que la justice n'avait pas de preuves contre lui, mais qu'il était à l'isolement à cause de la nature des faits qui lui étaient reprochés. Lorsque j'ai demandé de quoi il s'agissait, elle a dit qu'on le soupçonnait de complicité dans une évasion, mais qu'il n'était pas formellement identifié. Selon leur avocat, il risquait une peine de dix ans. Alors je lui ai dit qu'il fallait garder l'espoir et ne pas s'inquiéter, car les juges ne prononçaient jamais les peines maximales, mais toujours une peine inférieure à celle requise par le procureur. Seulement les commandos d'élite capables d'organiser un holdup ou détourner un hélicoptère prennent le maximum, les gens comme Redoine Faïd, et même dans le cas de son évasion il n'y avait pas mort d'homme donc il fallait rester optimiste.

La justice est très sévère avec les meurtriers, ce qui est tout à fait compréhensible, mais tous les autres peuvent bénéficier d'indulgence car la France cherche à réinsérer ses délinquants, plutôt que de les laisser nourrir une rancune contre le système et récidiver à leur sortie. C'est pour cette raison que la plupart de gens se voient aménager leur peine lorsqu'elle est inférieure à deux ans, et dans les autres cas sortent à la moitié de leur peine avec un bracelet électronique. C'est peut-être injuste envers les victimes, mais la plupart des délits en France sont commis contre les biens et non contre les personnes, ce qui justifie des peines plus légères. J'espère que je les ai rassurées.

« Je n'ai pas envie d'emmener mon bébé ici pour visiter mon mari », la jeune femme m'a-t-elle avoué, « je n'ai pas envie de lui porter malchance. Je sais que c'est par superstition, mais même si mon mari le réclame, je n'y arrive pas. »

« Les enfants ne se souviennent pas du passé et ne connaissent pas la notion du futur, ils vivent dans l'instant présent jusqu'à l'âge de quatre ans. Il se peut qu'il ne se rende pas compte plus tard, il ne se souviendra même pas de ces visites au parloir. Ne vous inquiétez pas. Plus tard, quand il sera plus grand, vous pouvez toujours déménager dans un autre quartier pour le protéger des rumeurs. »

« Oui, j'ai beaucoup de la chance car le nom de mon mari n'a pas été dévoilé par la presse. »

Finalement, nous passons les portiques de sécurité et nous entrons dans la salle d'attente, en attendant que les surveillants nous appellent. Je pense à ces femmes qui visitent leurs maris en isolement et je raconte leur peine à K'mel, pour l'aider à relativiser la sienne. Je lui raconte la naïveté de ces femmes qui pensent encore que leurs maris sont innocents.

« En prison, il n'y a que des innocents, » K'mel a dressé le triste constat, lorsque nous en avons discuté au parloir. « Ils disent tous : je ne comprends pas pourquoi je suis là, j'ai fait un tout petit truc et le juge m'a mis trois ans. Un jeune étudiant m'a même dit que sa place n'était pas en prison car il venait d'un milieu aisé, que ses parents lui ont acheté une voiture, qu'il était assidu en cours, mais il a commis une petite bêtise en vendant un peu de shit à la fac. Il ne comprenait sincèrement pas pourquoi il était là. »

« Ce n'était pas une petite bêtise, » Nasser a-t-il ajouté. « Vendre de la drogue en milieu scolaire, c'est une circonstance aggravante. »

« Cette semaine, ils ont emmené un nouveau détenu qui a été placé en isolement. Il est recherché dans six pays différents, en Colombie, au Mexique, au Venezuela, en Hollande, au Maroc... »

« Ah oui... Tous les pays touchés par le trafic de drogue... »

« Je me demande comment il va faire sa peine, est-ce qu'il sera extradé à ces pays une fois ils le relâchent de la prison d'Orléans... ? »

« Comment savez-vous tout ça s'il est à l'isolement ? »

« Tout se sait en prison. »

A la sortie du parloir, nous étions presque toujours enfermés pendant trois quarts d'heure, en attendant que les surveillants nous remettent les sacs de linge sale des détenus, probablement parce qu'ils devaient être en sous-effectif. La moitié des candidats qui sortent de l'école des surveillants pénitentiaires change de voie professionnelle, le métier souffre d'une si mauvaise réputation qu'il peine à recruter et même ceux qui obtiennent deux points à l'examen d'entrée sont admis. Ces moments sont très difficiles pour les familles car elles ne comprennent pas pourquoi elles sont enfermées. Certains ont peur de rater leurs transports de retour, d'autres se plaignent car leurs proches détenus ne s'entendent pas avec les surveillants, certains sortent du parloir en larmes... Le centre de détention de la prison d'Orléans-Saran est réservé aux peines plus longues et les familles sont à bout de leurs forces, obligées de rendre visite aux détenus souvent transférés d'un autre établissement, depuis de longs mois, parfois depuis des années.

A Fleury j'ai déjà croisé les familles qui étaient un peu remontées contre l'administration pénitentiaire, contre les surveillants et les CPIP, mais la plupart du temps elles étaient très révoltés contre les avocats. Les gens disaient qu'ils encaissent les honoraires puis ne font plus rien pour aider. Une femme m'a même dit que son avocat a demandé le renvoi d'audience à trois reprises car il ne voulait pas se déplacer. La dame n'avait aucun recours, elle avait déjà payé la totalité d'honoraires en cash et n'avait aucune preuve pour les contester devant le Bâtonnier de l'ordre. Globalement, les relations entre les surveillants et les familles se passaient plutôt bien. Mais à Saran, un établissement réservé pour des peines plus longues, les familles étaient aguerries, leurs proches étaient déjà incarcérés depuis trop longtemps, transférés depuis les autres prisons, parfois à plusieurs reprises, et ces familles étaient souvent en colère contre les surveillants. Les gens ne supportaient pas de patienter trois quarts d'heure après le parloir pendant que les surveillants s'occupaient déjà du prochain.

Tous les prisonniers connaissent le dicton qui se transmet d'un établissement à un autre et qui est cité par les journalistes et les associations : la prison c'est dur, mais la sortie c'est sûr. Au centre pénitencier Orléans Saran circule un autre dicton : *Saran, ça rend fou.*

Parfois, les femmes sortaient du parloir en pleurs et les surveillants étaient à bout. Une femme a apporté des couettes et du linge du lit à son mari car il voulait avoir des objets personnalisés, mais certains lui étaient refusés. Une autre femme a envoyé une plainte à la direction de l'établissement car une veste noire qu'elle avait apportée était refusée. Nous, on a oublié d'inscrire le nom et le numéro d'écrou sur le sac et il a été refusé, même s'ils étaient inscrits sur la liste de vêtements déposée à l'intérieur du sac. En prison, il fallait choisir ses batailles pour ne pas s'épuiser ; ainsi, ni moi ni K'mel n'avions envie de nous plaindre à cause de son sac de linge qui a été égaré pendant son transfert.

En patientant ainsi après le parloir des autres familles, je discute avec la jeune maman qui est venue visiter un mari placé à l'isolement. Elle a peur de rater son train de retour, car le bus qui s'arrête devant la prison ne passe qu'une fois toutes les heures et il faut prévoir l'imprévu pour ne pas rater le train.

« Vous venez de loin ? »

« Je viens de Creil, dans l'Oise, » me répond-elle en regardant sa montre, inquiète.

Soudain, je fais le lien entre tous les détails que cette jeune femme m'a raconté. Son mari est arrivé à Orléans quatre mois avant le transfert de K'mel, donc au mois d'août, et il a été placé à l'isolement pour avoir aidé un détenu à s'évader. Il est originaire de l'Oise, alors je me rends compte que la femme en face de moi ne peut être autre que la belle fille de Redoine Faïd. Et tout d'un coup, j'ai mal au cœur car j'ai évoqué cette évasion devant elle, sans me rendre compte de qui elle était. J'ai eu mal au cœur pour elle car elle avait un bébé de seulement quelques mois, qui allait rester sans père. Au vu de la portée médiatique de l'affaire, son mari risque de rester de longues années en prison... De toutes les autres femmes, c'est elle qui m'a le plus touché, car sa situation était la plus terrible, la plus difficile à vivre. Toujours stoïque et résignée, je ne l'ai jamais vu verser une larme. Victime collatérale d'un mode de vie délictueux de tout un clan familial, son seul tort était d'épouser un homme influençable. Dans sa folie romanesque, Redoine Faïd a entrainé dans sa chute plusieurs membres de sa famille qui, par solidarité, n'ont pas su s'opposer à ses projets délirants. Ils ont sacrifié leur futur pour une cause qui n'était pas honorable, qui est malheureusement la caractéristique des temps modernes – il faut tout faire pour la gloire éphémère dans le monde de la téléréalité.

Pendant le trajet de retour, je consulte les articles de presse sur les complices de cette évasion et retrouve les informations sur le mari de la jeune femme. Son identité n'a pas été dévoilé, mais un article du *Journal du Dimanche* indiquait qu'il a été mis en examen pour « détournement d'aéronef, évasion, enlèvement et séquestration, le tout en bande organisée, ainsi que pour transport d'armes ou engins explosifs et association de malfaiteurs ». Des charges particulièrement lourdes, mais sans preuve formelle. L'article indiquait que « les enquêteurs doivent désormais faire des analyses afin d'établir clairement si l'homme était bien à bord de l'hélicoptère le jour de l'évasion ». [37] Je me rends compte qu'il y a des gens extrêmement dangereux à la prison d'Orléans. Je me demande ce que ça fait d'être impliqué dans une telle affaire, se retrouver avec un bébé de quelques mois et un mari en détention provisoire, à deux cents kilomètres de chez elle.

« Elle finira par divorcer, » Nasser a réfléchi en haute voix, alors que nous étions dans la cabine, en attendant de voir K'mel. « Petit à petit, elle espacera ses visites, elle rencontrera quelqu'un d'autre, elle va refaire sa vie. C'est toujours le cas avec des longues peines. » Déjà elle ne venait qu'une semaine sur deux, car elle devait s'organiser pour laisser son bébé chez sa belle-mère.

Le samedi suivant, Nasser a oublié les clés de sa voiture dans la poche lorsqu'il fallait passer les portiques de sécurité et il n'a pas eu le temps d'aller les déposer dans un casier. Privé de parloir, il était obligé de patienter dans les parages pendant deux heures. Il a pris un café et une cigarette, puis il est parti téléphoner, sans se rendre compte que ses pas l'ont emmené loin dans la forêt derrière le centre pénitentiaire. Tout d'un coup, plusieurs policiers sont venus l'encercler, en demandant ce qu'il faisait dans les endroits inaccessibles aux visiteurs. Il a expliqué qu'il n'avait pas fait attention où il allait car il était au téléphone et qu'il ne savait pas qu'il était interdit d'aller derrière la prison. C'était pourtant logique car les évasions commencent toujours par les repérages. Dans la salle d'attente, à l'intérieur de l'établissement, nous avons aussi remarqué quelque chose d'anormal car le personnel était en alerte et il y avait beaucoup de conversations par le talkie-walkie et les mégaphones. Nous avons entendu le mot 'mirador' et je me suis rendue compte que Nasser a très bien

---

[37] Marianne Enault, *Redoine Faïd : les enquêteurs pensent tenir les trois membres du commando qui a fait évader le braqueur*, Le Journal du Dimanche, 9 octobre 2018, https://www.lejdd.fr/Societe/Faits-divers/redoine-faid-les-enqueteurs-pensent-tenir-les-trois-membres-du-commando-qui-a-fait-evader-le-braqueur-3774857

pu être abattu. Qui sait, ils ont pu imaginer que nous étions des complices de la famille de Redoine Faïd, car nous avons sympathisé avec la femme de son neveu. Ils ont effectué des vérifications et compris que Nasser avait réservé un parloir, ils sont même allés voir K'mel pour l'interroger, puis décidé de ne pas donner suite à cet incident. Mais cette grosse frayeur nous a fait comprendre qu'il fallait toujours être vigilant, car un accident peut vite arriver. J'ai souvent pris des numéros des femmes de détenus, mais je n'ai jamais osé prendre celui de la femme du neveu de Faïd. Je ne lui ai même jamais demandé son prénom.

Très vite, K'mel a été reçu par une nouvelle conseillère pénitentiaire en insertion et probation qui lui a dit, « Vous avez subi une injustice et je n'aime pas ça. Je vais m'arranger à ce que vous ayez une audience devant le juge d'application des peines le plus vite possible. »

Alors nous avons préparé un dossier pour la troisième fois, j'ai envoyé les derniers justificatifs de revenus et téléchargé une nouvelle fois le k-bis de l'employeur pour qu'il soit plus récent de trois mois. K'mel a rédigé une lettre au juge dans laquelle il a dit regretter ses actes et je l'ai lu à ma mère pour estimer l'impact qu'elle aurait pu avoir chez un juge et elle m'a conseillé de la réécrire, en mettant l'accent sur le fait qu'à l'époque des faits il était jeune majeur et que c'était sa première incarcération. Nous l'avons rédigé ainsi :

« Monsieur le Juge,

J'ai été condamné à une peine très sévère de 3,5 ans de prison pour des faits commis alors que j'étais encore jeune majeur qui ne réfléchissait pas aux conséquences de ses actes, naïf et influencé par des mauvaises fréquentations. Ils ont laissé les conséquences trop difficiles à supporter :

  - *J'étais chauffeur VTC et on m'a retiré ma licence*

- *Je gérais une SASU que j'ai dû clôturer*
- *J'avais pris un crédit pour la société et j'ai déposé un dossier de surendettement*

Dans les moments les plus difficiles de ma vie, alors que je purge ma peine, je n'ai pas été à côté de mon père qui était sur son lit de mort, bien que je fusse son plus jeune fils préféré. Ça me fera de la peine toute ma vie, car il n'a pas eu l'opportunité de voir que je suis devenu un homme responsable et un fils digne de ce nom qui mérite le respect.

A présent, je suis devenu un autre homme, un adulte qui regrette ses actes irréfléchis, qui veut trouver un emploi et fonder une famille. Ma mère est maintenant toute seule et compte beaucoup pour moi, pour la soutenir, je vous prie donc de bien vouloir aménager ma peine et me faire bénéficier d'un bracelet électronique.

C'est ma première incarcération, j'ai un comportement exemplaire et l'administration pénitentiaire me fait des bonnes appréciations. Au moment des faits j'étais fumeur de cannabis et voilà deux ans que je ne fume plus. Pendant deux ans, j'ai respecté mon contrôle judiciaire et saurai respecter les conditions d'un aménagement de peine.

Je vous remercie infiniment de l'intérêt que vous porterez à ma demande et vous prie d'agréer, Monsieur le Juge, l'expression de mes salutations distinguées. »

Normalement, l'article D. 49-33 du Code de la procédure pénale prévoit que le débat contradictoire devant le juge de l'application des peines prévu à l'article 712-6 doit avoir lieu au plus tard le quatrième mois suivant le dépôt de la demande. A Fleury, la demande d'aménagement a été envoyée en juillet, reçue par le greffe de Fleury en septembre et transmise au juge d’application des peines d’Evry en novembre, entrainant les délais difficiles à comprendre et à justifier.

Dans les tribunaux de province, les juges prononcent les peines plus sévères mais aménagent les peines plus rapidement. Ainsi, peu de temps après son entretien avec sa nouvelle CPIP, madame Versini, K’mel a reçu la convocation pour se présenter devant le juge d’application des peines d’Orléans le 12 février 2019, environ trois mois après son transfert. Dans notre cas, ils ont vraiment fait un geste de générosité ; à présent, nous allions au moins pouvoir rencontrer un juge pour pouvoir s’expliquer.

A Orléans, le juge d’application des peines est même venu faire une présentation des procédures devant les détenus qui ont fait la demande et c’était une occasion pour K’mel de le rencontrer. Cette rencontre la beaucoup rassuré par rapport à la procédure et il a pu déstresser.

Pendant tout le mois de janvier, K’mel a étudié ses cours d’économie et participé à un atelier de sculpture en béton cellulaire. Avec une dalle de béton blanche, il m’a sculpté une magnifique boite à bijoux en forme de cœur avec l’inscription : *one life, one love.* Un seul amour pour la vie. Lorsqu’il me l’a fait sortir pendant le parloir, j’étais tellement émue que je me suis trompée de casier où j’avais laissé nos affaires et je n’ai pas réussi à l’ouvrir avec la clé. Alors je l’ai mieux regardé et remarqué que ce n’était pas le bon numéro. Mais alors que j’ai voulu ouvrir le bon casier, il était déjà ouvert et nos affaires étaient introuvables.

« Mais… quelqu’un a donc pris nos affaires ? »

Une fille de l’association GEPSA est venue me voir et a remarqué que le bon numéro n’était pas le 53 mais le 58, puis elle m’a aidé à ouvrir le bon casier.

« Elle est émue car il lui a offert un cœur de pierre », ma future belle-mère s’est mise à plaisanter avec les autres femmes présentes. Tout le monde s'est mis à rire, même s'ils ont trouvé cette petite attention de K'mel très touchante. Quant à moi, j'étais tellement émue que je n'ai pas vu un petit muret devant moi, et je suis rentrée dedans en marchant comme dans les dessins animés.

« J'espère que vous ne conduisez pas, » une fille de l'association m'a-t-elle lancé avec le sourire.

Une semaine avant l'audience devant le juge d'application des peines, un parloir en unité de vie familiale (UVF) nous a été accordé et nous avons pu passer un peu plus de six heures avec K'mel. Il a été le seul qui a reçu la visite de trois membres de la famille, tous les autres détenus ont reçu seulement leurs femmes ou leurs petites amies. Il a apporté de la nourriture pour que nous puissions cuisiner et nous avons pu découvrir son univers. Une UVF est un petit appartement en duplex doté d'une cuisine, une salle de bains, deux chambres à coucher, un petit salon avec la télé et une terrasse prévue pour les fumeurs. Je me suis sentie comme en vacances, dans un appartement loué sur Airbnb, même si K'mel me faisait de la peine car il était pâle et amaigri, et avait les mains trop douces, car il ne les utilisait plus pour travailler. Quand on est à l'ombre, on perd sa couleur. Ces moments nous ont particulièrement marqués.

« Parfois j'ai envie de postuler pour un travail de surveillante de prison, pour venir me rapprocher de toi. »

« Laisse tomber, c'est un métier très difficile et dangereux, » K'mel m'a-t-il prévenu. « Je me souviens d'un détenu qui a commandé dix paquets de cigarettes et n'a reçu que trois ; naturellement il a cru que c'était la faute des surveillants. Alors il a nettoyé sa cellule et rangé tous ses affaires, parce qu'il savait qu'il allait finir au mitard, puis il a collé un petit morceau de papier sur l'œilleton en sachant qu'ils allaient forcer la porte. Ensuite, il a chauffé de l'huile dans une casserole et lorsque les surveillants sont entrés pour voir ce qui se passe, il a jeté sur eux de l'huile brûlante... »

« C'est incroyable ! Tout ça pour quelques paquets de cigarettes... ! »

Je me suis mise à trembler, en comprenant à quel point son quotidien carcéral était rempli de violence. Je lisais sur l'internet tout ce qui se passait dans les prisons, d'abord à Fleury puis à Orléans depuis le transfert. Même si K'mel ne nous racontait pas grand-chose pour ne pas nous effrayer, je ne pouvais pas rater certains faits divers qui étaient médiatisés. Par exemple, un homme a été écroué je jour de son jugement et il s'est présenté à la prison de Saran avec un pistolet dans ses affaires. Il s'agissait d'une réplique de Smith & Wesson 9 mm saisie lors de la perquisition, mais comme les pistolets lacrymogènes sont détenus légalement, la police le lui a restitué, sans savoir qu'il serait écroué.[38] Toujours à la prison de Saran, un détenu a mis feu à son matelas et perdu la vie, provoquant un incendie qui a fait un autre blessé. [39] J'étais tellement alarmée que j'ai posé la question aux bénévoles associatifs présents à l'accueil familles si ça arrivait souvent et si ça pouvait mettre en danger les autres détenus. Je ne voulais même pas que K'mel l'apprenne, pour ne pas être choqué. « Tout se sait en prison, forcement il est au courant pour l'incendie, » m'ont-ils répondu. « Ne le surprotégez pas, il a besoin de devenir fort lui-même. »

Je pensais qu'à Saran, K'mel n'aurait pas l'occasion de croiser des meurtriers, car le centre de détention était réservé aux personnes condamnées à des peines d'une durée jusqu'à cinq ans. Malheureusement, j'avais tort. En promenade, il a

---

[38] Yves Le Calvez et Alexandre Charrier, *Un détenu arrive à la prison de Saran avec un pistolet dans ses affaires*, La République du centre, 21 décembre 2017.
[39] Antoine Denéchère et Christophe Dupuy, *Un détenu meurt à la maison d'arrêt de Saran après avoir mis le feu à son matelas*, France Bleu, 22 janvier 2019.

rencontré en homme qui a pris vingt ans de prison ferme pour avoir brûlé vif un autre homme. Lors d'un atelier de théâtre, il a pu rencontrer des femmes détenues condamnées à des lourdes peines, l'une d'elles avait tué trois personnes et une autre avait violé un homme. J'ai trouvé ça étrange, que les hommes et les femmes soient mélangés en prison, lors des activités. A ce qui paraît, même leurs cellules n'étaient pas éloignées car K'mel voyait lorsque les auxiliaires leur distribuaient des légumes découpés en rondelles pour leurs repas. Il a même posé la question pourquoi ils étaient prédécoupés, mais on l'a laissé deviner la réponse.

Nous avons préparé des bricks avec du persil et du fromage fondu, car il n'avait pas reçu du thon qu'il avait commandé. Nous les avons mangés avec du café instantané et des Ferrero Rochers que K'mel avait conservés pour nous depuis Noël. Il s'est privé pendant des longues semaines en voulant nous faire plaisir.

« Ça sent la fin, » K'mel a dit lors de cette longue visite. « Ces derniers jours, ma cellule a été fouillée deux fois. »

Par superstition, je ne voulais pas penser à sa sortie, pour éviter de devenir folle d'inquiétude.

Le soir avant l'audience, j'ai reçu un mail de la part de notre avocat qui disait ceci : « Chère Madame, ma présence n'est pas requise en ce qu'il s'agit d'une procédure écrite, néanmoins, si cela vous rassure que je sois présent afin de soutenir les intérêts de K'mel en vue de sa remise en liberté, je peux bien entendu être présent. Cette audience se tenant à Orléans mardi matin, cela implique une monopolisation pleine et entière de ma part hors du Cabinet de sorte que je me vois contraint de vous solliciter un versement de 500,00€ couvrant, par ailleurs, mes frais de déplacement. Je vous laisse me tenir informé de votre souhait par retour de courriel. Je vous souhaite une excellente journée. Bien cordialement. »

J'étais furieuse. Recevoir un mail pareil le soir avant l'audience, de la part d'un avocat qui n'a même pas pris la peine de rencontrer son client pendant qu'il était encore en Île de France, c'était la goutte d'eau qui a débordé le vase. K'mel m'a dit qu'il préférait se présenter seul à l'audience et qu'il fallait juste prévenir l'avocat de ne pas demander le renvoi. Nasser m'a conseillé de lui répondre que nous n'avions pas de moyens pour ajouter des honoraires et c'est ce que nous avons fait.

Le lendemain, il y avait eu cinq détenus qui devaient se présenter devant le juge d'application des peines d'Orléans. Chacun était accompagné de son avocat et seul K'mel est arrivé seul. Alors il a demandé qu'on lui désigne un avocat commis d'office, mais pas pour le défendre, comme je l'apprendrai plus tard – c'était pour empêcher notre avocat parisien d'accéder au dossier une fois clos. En une demie heure, une avocate généraliste orléanaise s'est présentée, mais K'mel a tellement bien plaidé son affaire qu'elle n'avait même pas besoin de plaider.

La conseillère pénitentiaire d'insertion et de probation de Fleury, madame Michel, a émis un avis favorable à son aménagement de peine, en faisant une très bonne évaluation de son dossier. Pour sa part, sa conseillère pénitentiaire d'Orléans, madame Versini, a même jugé que le maintien en détention lui serait défavorable. Le chef de détention a lui aussi émis un avis favorable à sa libération, puisque K'mel n'a fait objet d'aucun compte rendu d'incident pendant son séjour à Fleury ni à Orléans.

« Je comptais vous convoquer seulement à partir du mois de juin, » le juge d'application des peines a dit à K'mel. « Mais vous m'avez écrit une lettre qui m'a convaincu de vous recevoir avant cette date. »

« Je vous remercie de m'avoir reçu aussi vite. »

« Qu'avez-vous appris en détention ? »

« J'ai appris à réfléchir avant d'agir, à mesurer les conséquences de mes actes, et j'ai surtout appris à patienter. »

En entendant ces mots, le juge a souri.

« Qu'avez-vous l'intention de faire si vous êtes libéré demain ? »

« J'ai envie de travailler, faire des études et fonder une famille avec ma compagne. Mon futur employeur est d'accord pour aménager mes horaires de travail, pour que je puisse aller à l'université à partir de la rentrée. »

« Ce sont des projets ambitieux. Faites attention de ne pas placer la barre trop haut afin de ne pas échouer, ou vous décourager. »

L'avocate a ajouté quelques mots pour la forme, même si tout a été déjà dit.

« Je pourrais m'opposer à votre libération probatoire car votre condamnation court jusqu'en 2021, » le procureur a ajouté. « Mais ce serait ne pas avoir de cœur. Alors moi aussi, je vous donne un avis favorable. »

A la fin de l'audience, il a été annoncé que le délibéré sera le 28 février. La décision sera communiquée au greffe du centre pénitentiaire d'Orléans et K'mel sera le premier à être notifié. Aucun moyen d'avoir des nouvelles avant lui.

Le 28 février au soir, K'mel m'a appelé de la promenade. J'étais en pleine réunion avec le global management au sujet de Brexit, la fin du Libor et leur impact opérationnel sur notre activité. La plupart des chambres de compensation avec lesquelles nous travaillions étaient basées à Londres et il nous fallait obtenir une exonération pour éviter que notre industrie soit paralysée au lendemain de la sortie du Royaume Uni de l'Union européenne. Une quarantaine de top managers basées à travers le monde participent à la réunion, pendant que mon portable vibre et affiche le numéro de la promenade. Sans réfléchir, je coupe le microphone sur mon poste téléphonique et décroche le portable. Bernard me regarde avec la bouche ouverte, puis tape son bureau avec sa main pour protester contre mon insolence.

K'mel voulait savoir si j'ai eu des nouvelles concernant la décision du juge d'application des peines. Évidemment j'ai appelé le greffe du tribunal d'Orleans pour savoir si la décision était rendue, mais on n'a rien pu me dire ; elle était confidentielle. J'ai simplement dit à la greffière que je voulais remercier tout le monde de nous avoir organisé une audience aussi vite et j'ai entendu un sourire dans sa voix.

« Il y a quelque chose d'anormal qui se passe aujourd'hui, » K'mel a dit. « Il y a eu une coupure d'électricité, tout le bâtiment a été bloqué, on nous compte toutes les trente minutes... D'habitude on a droit à trois heures de promenade par jour et aujourd'hui on a eu droit à seulement une heure, il y a des hommes cagoulés partout... Apparemment ils installent des brouilleurs de portables et les détenus ne sont pas contents, ils frappent sur les portes de leurs cellules... Avec la chance que j'ai, je ne serai peut-être même pas notifié. »

Pour me déstabiliser, Bernard me dit que le microphone de mon téléphone professionnel n'était pas coupé et que toute la terre a entendu ma conversation avec mon copain. Evidemment c'était faux, mais il voulait me charrier devant les autres collègues. « Pourquoi tu décroches immédiatement ? Tu peux le rappeler après la réunion... » Comment lui expliquer que je ne pouvais pas le rappeler, car il n'avait pas de téléphone, et que la promenade durait qu'une petite heure ? Je suis inquiète car il est toujours possible que le sujet de la conversation puisse être entendue ou deviné.

Le lendemain, j'ai reçu l'appel d'une conseillère pénitentiaire en insertion et en probation d'Orléans, qui m'a informé que K'mel sera libéré le 6 mars 2019, à 6h du matin, et qu'il devra se présenter au SPIP de Paris à 9h pour qu'on lui pose son bracelet. Je me souviens vaguement que je lui ai répondu, « je vous aime ».

J'ai mis plusieurs minutes pour comprendre ce qui venait d'arriver. La fin du calvaire. La fin des épreuves. Le début du bonheur et une bonne nouvelle pour la suite de notre vie.

La mère de K'mel s'est mise à pleurer lorsque je l'ai appelé pour lui annoncer la nouvelle. Je ne supporte pas de la voir pleurer, mais cette fois-ci c'était différent, ces larmes de mère avaient un ton spécial, elles m'ont beaucoup touché.

Puis tout s'est passé très vite. Une demande de trois jours de vacances envoyée en vitesse à mon manager, qui l'a accordée même si je demandais au dernier moment. Une panne d'électricité qui m'a plongé dans le noir lundi soir, alors que K'mel devait être libéré le mercredi matin et venir à la maison avec un surveillant pénitentiaire qui installera le dispositif de surveillance électronique. Plus de lumière, plus de télé, plus d'électricité, plus de téléphone. Impossible de charger le portable pour se réveiller à l'heure le matin. Impossible de prendre la douche dans le noir. La panne a grillé le modem pour l'internet, le frigo et les plaques chauffantes. Il me fallait trouver un électricien d'urgence, payé au prix fort, pour réparer la panne. Puis il fallait appeler l'opérateur d'internet pour rétablir la connexion ; impossible de faire venir un technicien avant jeudi matin. Par chance, j'ai réussi à joindre Dounia, la mère de Samir, qui m'a expliqué qu'un bracelet électronique ne nécessite ni une connexion internet ni une ligne de téléphone fixe. Un appareil spécial qui ressemble à un minitel nécessite seulement une prise électrique qui fonctionne. C'était un grand soulagement, après deux jours de stress extrême en attendant que l'électricité revienne.

Notre avocat a longuement insisté auprès de l'avocate orléanaise commise d'office pour obtenir une copie du jugement, mais elle a refusé de le lui envoyer. En refusant de payer un complément d'honoraires à notre avocat, j'ai clairement dit à sa stagiaire que leur assistance n'était plus requise. J'ai aussitôt décidé de saisir le Bâtonnier du Barreau de Paris afin de contester les honoraires que nous vous avons versés et obtenir le remboursement. Si un avocat n'a pas l'obligation des résultats, il a l'obligation des moyens et doit tout mettre en place pour bien défendre son client. Or, un avocat qui ne se déplace même pas pour rencontrer son client et qui ne vient pas aux audiences n'a pas rempli son rôle et sa responsabilité doit être engagée.

Parmi les cinq détenus qui se sont présentés à l'audience devant le juge d'application des peines, K'mel a été le seul qui a été libéré ce jour-ci, même si la date de fin de sa peine était encore très éloignée. Sur trois ans et demi de prison ferme, il aura effectué seulement dix mois.

11.

Le 6 mars, nous nous sommes réveillés à trois heures du matin pour partir chercher K'mel à Orléans. Nous avons préparé du café dans des thermos et des beignets pour le petit déjeuner. Il faisait nuit, il faisait froid mais nous étions heureux et comblés. Et pourtant, j'avais toujours des doutes, je me demandais si K'mel allait vraiment être libéré. Est-ce que j'ai vraiment reçu l'appel de la CPIP ? Est-ce qu'il a vraiment été notifié ? J'ai regardé devant moi et j'ai vu la mère de K'mel et son frère Nasser, qui se sont réveillés à trois heures du matin pour prendre la route d'Orléans, et je me suis dit qu'après tout il était très probable que je ne rêvais pas, que nous étions vraiment sur une autoroute en pleine nuit pour aller le chercher. Nasser, lui aussi, avait des doutes ; lorsque nous sommes arrivés à l'accueil, il a demandé au surveillant à l'entrée de vérifier si une libération allait vraiment avoir lieu ce matin, si nous n'étions pas en train de rêver.

Alors nous nous sommes garés sur le parking et la mère de K'mel nous a servi un café. Tout d'un coup, il a apparu, en portant deux sacs cabas avec ses affaires, en criant : « Libertà ! Libertà ! » Nous avons couru pour le serrer dans les bras. Il a dit que lui non plus ne pouvait pas y croire, qu'il venait de passer une nuit blanche, qu'il pensait qu'ils allaient l'oublier, lui dire que c'était une erreur de personne, qu'ils allaient lui ressortir une autre affaire pour le maintenir en détention. Puis au milieu de la nuit, il a posé son regard sur ses sacs de vêtements, sur sa cellule vide, rangée et nettoyée, prête pour un nouveau détenu. Et il s'est dit que c'était peut-être vrai, il allait peut-être vraiment sortir, autrement il n'aurait pas préparé ses affaires comme pour un long voyage, il n'aurait pas décroché toutes nos photos des murs pour les ranger dans une enveloppe. Jusqu'au dernier moment, nous ne pouvions pas y croire, nous pensions tous que quelque chose pouvait encore mal tourner. Nous n'étions plus habitués aux bonnes nouvelles.

Et pourtant, il était là, libre, fatigué et amaigri, épuisé mais heureux, content de pouvoir se présenter devant un juge parisien pour se faire poser un bracelet électronique. Il avait la valeur d'un bracelet en diamants, tant nous l'avons espéré.

A présent, nos conversations n'allaient plus être limitées à quarante-cinq minutes, elles n'allaient plus couter 0.80€ la minute, on allait pouvoir prendre notre temps et savourer des précieux moments ensemble.

Plus tard, à la maison, il m'a raconté d'autres détails sur la vie carcérale qu'il n'a pas voulu partager pendant sa détention. Il a dit qu'il n'a pas réussi à nettoyer sa cellule, bien qu'il ait frotté les murs et les sols à l'eau de Javel, car la saleté était incrustée, indélébile, impossible à enlever. Des traces de sang, des coups, des souffrances ont laissé des vestiges durables à Fleury Mérogis. Sa description de l'établissement a été terrifiante. « A Fleury, il y a des esprits qui voguent, des esprits maléfiques qui hantent les lieux, on ressent qu'il s'est passe des choses bizarres dans ces murs. Tu fais des cauchemars, tu as beau nettoyer mais la saleté ne part pas. On voit que des gens ont souffert à Fleury. »

Les premiers jours passés en liberté ont été marqués par son expérience carcérale. Dans la douche, il appuyait sur les robinets au lieu de les tourner, ou il oubliait de couper l'eau car en prison elle s'arrête d'elle-même. Dans le métro, il attendait que la porte s'ouvre toute seule au lieu d'appuyer sur le bouton, car il a pris l'habitude d'avoir les portes sans poignées qui ne peuvent pas s'ouvrir de l'intérieur, il a pris l'habitude d'attendre qu'on lui ouvre. A la Poste, il a voulu écrire un courrier et il a indiqué son numéro d'écrou à côté de son nom de famille, puis il s'est rendu compte de son erreur et il a dû changer la feuille. Une fois le courrier rédigé, il l'a donné à l'agent d'accueil sans le fermer, comme les détenus doivent le faire pour que leurs écrits soient contrôlés.

« Vous ne fermez pas vos courriers, monsieur ? » l'agent d'accueil lui a posé la question, l'air étonné.

Je ne cesse d'observer K'mel depuis sa libération. Il semble apaisé, grandi, repenti. Il a commencé à reprendre des couleurs, son teint n'est plus aussi pâle, ses mains ne sont plus aussi douces, son regard n'est plus perdu dans le vide. Son expérience me touche, car son enfance a été gâchée, il est tombé en prison si jeune, trop tôt, comme dans la chanson *Dans le vrai* du rappeur Hanibal :

> *« Moi c'est Hanibal, j'avance, je suis dans le vrai*
> *La vie d'en bas ne s'invente pas*
> *Trop tôt*
> *On fait nos premières casses*
> *Premiers pilons, premières chattes,*
> *Premiers allers retours derrière les barreaux*
> *7-5 »* [40]

Dans les années 1990, les détenus de la prison de Rahway de New Jersey qui purgeaient des peines de perpétuité ont formé un groupe de hip hop nommé *Lifers Group*. Ils ont sorti un album dans le but de mettre en garde les jeunes de laisser tomber la délinquance pour ne pas terminer en prison comme ça a été leur cas. Ils ont même été nominés aux Grammy Awards pour cet album. Je me suis souvent posé la question ce qu'ils sont devenus, s'ils sont encore en vie, s'il y a de l'espoir qu'ils soient libérés un jour. Et c'est là que j'ai découvert sur YouTube l'interview de Maxwell Melvins, l'un des membres de Lifers group, qui a été libéré après trente-deux ans de détention. Je me suis dit qu'il y avait encore de l'espoir pour les autres détenus condamnés à la perpétuité, même pour Angel Acevedo, car l'avenir ne peut jamais être si sombre. J'écoute leur chanson *Short life of a gangsta* et je souris, en sachant que Melvin a été libéré.

---

[40] Hanibal, *Dans le vrai*, l'album Flashback, 2019.

Le 6 mars 2019, le jour où K'mel a été libéré sous bracelet électronique, une grève totale des surveillants pénitentiaires a démarré et de nombreux établissements ont été bloqués. Le jour précédent, une attaque terroriste s'est déroulée à la maison centrale de Condé-sur-Sarthe en Normandie, où un détenu qui purgeait une peine de 30 ans, avec la complicité de son épouse, a blessé deux surveillants pénitentiaires avec un couteau céramique impossible à détecter par les portiques de sécurité. Les surveillants réclamaient le retour des fouilles au corps plus poussées afin de mieux se protéger. Selon l'article 57 de la loi pénitentiaire n° 2009-1436 du 24 novembre 2009, *« les fouilles doivent être justifiées par la présomption d'une infraction ou par les risques que le comportement des personnes détenues fait courir à la sécurité des personnes et au maintien du bon ordre dans l'établissement. Leur nature et leur fréquence sont strictement adaptées à ces nécessités et à la personnalité des personnes détenues. Les fouilles intégrales ne sont possibles que si les fouilles par palpation ou l'utilisation des moyens de détection électronique sont insuffisantes. Les investigations corporelles internes sont proscrites, sauf impératif spécialement motivé. Elles ne peuvent alors être réalisées que par un médecin n'exerçant pas au sein de l'établissement pénitentiaire et requis à cet effet par l'autorité judiciaire. »* Ce texte suffit pour encadrer les fouilles, tout en préservant la sécurité du personnel et la dignité des détenus. Mais une sécurité totale ne peut jamais être assurée, d'autant plus que bien de détenus souffrent des problèmes psychiatriques et seraient mieux pris en charge dans un établissement hospitalier.

Une grève du personnel pénitentiaire, cela veut dire plus d'accès aux parloirs pour les familles et plus de promenades ou de cantines pour les détenus. [41] Celle-ci aura duré un mois

---

[41] Chloé Pilorget-Rezzouk, *A Condé, la grève dure, les détenus endurent,* Libération, 8 mars 2019, https://www.liberation.fr/france/2019/03/08/a-conde-la-greve-

entier. Nous l'avons échappé belle, nous avons failli faire des trajets jusqu'à Orléans seulement pour être refusés aux portes d'entrée et ne pas voir K'mel. Par chance, le destin nous a aidé à obtenir la libération à temps.

A sa sortie de la prison d'Orléans, K'mel a réussi à trouver un travail de jockey au garage de BMW. Tout fier, il devait dispatcher les berlines et les belles voitures de sport avec les portes papillon, pour les envoyer à la révision ou un simple nettoyage. Il n'avait même pas besoin de solliciter M. Hamdi, dont la société a été mise en redressement judiciaire deux mois plus tard. Il a simplement expliqué à sa nouvelle conseillère pénitentiaire d'insertion et de probation que le travail chez BMW était mieux payé que celui que proposait M. Hamdi. Cette fois-ci, il avait un nouveau numéro d'écrou et était rattaché à la prison de la Santé.

Deux mois plus tard, au mois de mai, il a pu se rendre à l'audience en confusion des peines devant le Tribunal correctionnel de Paris. Il s'est rendu seul, sans avocat, puisque Maître Nogueras avait été remercié. Malheureusement, le juge a refusé sa demande, en estimant que la justice lui avait déjà fait une fleur en lui accordant un aménagement de peine. Encore une fois, la montagne a accouché d'une souris.

cs

A présent, je n'avais plus besoin de garder mon contrat travail et je pouvais me permettre de changer d'employeur, démissionner ou me laisser licencier. Officiellement, à partir du mois de juillet, nous devenions une succursale allemande. Amusée, je regardais les purges qui se déroulaient devant moi et décrochais mon téléphone lorsque les chasseurs de têtes appelaient pour me proposer de nouveaux contrats. Devant moi, Shaodan passait ouvertement les entretiens avec la concurrence et cherchait un nouveau poste, en France ou ailleurs. J'ai vu passer un mail d'Allemagne informant les dirigeants de notre filiale française qu'ils venaient de perdre leur capacité de signataire et que tout nouveau contrat de quelle nature que ce soit doit être validé et signé par le management allemand. Si j'étais à leur place, j'aurais quitté la société sur le champ. Peu de temps après, la presse financière a annoncé que le directeur général et le directeur des opérations étaient sur le départ.

Ma mission était prévue jusqu'à la fin du mois d'août et j'ai décidé de prendre trois semaines de vacances. L'un des rares commerciaux encore en place est venu me voir un jour, pour qu'on se dise au revoir. C'était la première semaine du mois d'août, après laquelle je partais en vacances pour ne plus revenir. J'organisais le pot de départ avec les deux personnes du département des risques, dont les postes n'étaient pas renouvelés.

« Je suis étonné de te voir encore ici. Vous étiez censés partir fin juillet. »

« Vous ? Tu veux dire mon collègue Bernard et moi ? »

« Oui, c'est ça ».

« Hmm... Il s'accroche encore. A ce qui paraît, il a réussi à faire renommer son poste, pour pouvoir prolonger son contrat. »

« C'est illégal, on peut prolonger un contrat jusqu'à un an et demi au grand maximum. »

« Je sais... Certains préfèrent rester dans un environnement connu, sans prendre des risques. Mais si on ne prend pas des risques, on ne peut pas évoluer. C'est pour cela que je suis contente de partir. Un an et demi suffit largement pour faire le même travail. Au-delà, il faut chercher à évoluer. Je vais chercher un poste de manager de projet (PMO). »

J'avais un CDI avec ma SSII et je pensais qu'elle allait me contacter pour me trouver un autre poste, mais il était dans son intérêt de me faire partir. Lorsque les consultants se trouvaient entre deux missions, la SSII les obligeait de venir au siège et signer une feuille d'émargement pour montrer qu'ils ne sont pas en vacances ; or une telle pratique vise à les obliger de partir et relève du harcèlement moral. Parmi les quatorze consultants en attente de mission, j'ai été la seule à refuser de venir pointer.

Evidemment, la SSII m'a immédiatement envoyé une lettre recommandée pour me rappeler qu'il faudrait venir au siège même lorsqu'il n'y a pas de mission. J'ai aussitôt répondu pour dire qu'il n'en était pas question que je me déplace sans un ordre de mission précis, en fonction de mes qualifications et compétences. Agacé, le directeur des opérations m'a proposé de rédiger un livre blanc sur les produits dérivés et préparer une session de sensibilisation pour les consultants intéressés par ce domaine. Une fois l'ordre de mission reçu, je me suis rendue au siège pour rédiger les vingt-cinq pages requises. Ils pensaient que ça allait durer, mais la rédaction m'a pris seulement deux jours et demi.

Mécontents car je leur tenais tête, les deux dirigeants de la SSII m'ont proposé une rupture conventionnelle après seulement un mois, alors que l'équipe commerciale n'avait même pas encore reçu le retour sur mes candidatures. Visiblement, ils n'avaient pas l'intention de respecter leur obligation contractuelle de me fournir un travail. Alors j'ai décidé de les pousser à la faute pour obtenir une résiliation judiciaire du contrat, accompagnée de dommages et intérêts. Je les attendais telle une lionne meurtrière qui s'approchait doucement de sa proie, avec beaucoup de patience et feignant la naïveté. Lorsqu'ils ont osé retenir une partie de mon salaire prétextant des congés sans solde, j'ai aussitôt envoyé une mise en demeure et lancé une attaque en référé devant les Prud'hommes. Si je dois partir, eh bien, je partirai avec un gros billet.

« J'suis pas venu vous blesser, j'suis venu pour vous dead, j'viens vous faucher,
J'viens vous regarder en face, dans les yeux comme un bonhomme,
J'ai déterré la hache, j'ai pétardé la colombe,
J'vais les dead tous, chacun paiera le prix ;
J'vais les dead tous et Dieu fera le tri. » [42]

ॐ

Une fois K'mel a été libéré sous bracelet électronique, nous avons entamé trois procédures en justice, qui montrent que les ennuis ne sont jamais vraiment terminés même après la sortie de la prison.

Tout d'abord, nous avons décidé de demander la déconsignation d'une partie de la caution déposée auprès de la Caisse des dépôts et des consignations, afin de dédommager la victime en cas de la condamnation. Mais étant donné que K'mel avait un complice, il n'était pas redevable de la totalité de la somme car elle devait être payée solidairement avec le co-auteur du délit.

Ensuite, nous avons déposé une requête en exclusion des condamnations au bulletin n° 2 du casier judiciaire afin de les faire supprimer et rendre consultables uniquement par la justice. Un effacement du casier permet d'exercer n'importe quel métier nécessitant un casier judiciaire vierge, voyager dans n'importe quel pays dans le monde, et dans le cas de K'mel, récupérer sa carte professionnelle de chauffeur VTC qui

---

[42] Ol Kainry, *La Faucheuse*, album Iron Mic 2.0, 2010.

lui avait été retirée suite à ses condamnations. Ainsi, il n'a pas pu continuer son activité, sa société a déposé le bilan et il a même fait une faillite personnelle. Ce retrait lui a donc porté un préjudice considérable, alors que les faits étaient déjà anciens et les peines déjà purgées. K'mel n'est pas le seul jeune qui a fait la prison dans notre entourage. En réalité, tous ses amis du quartier ont un casier judiciaire, certains ont fait des peines aménagées et d'autres ont fait du ferme. Or, lorsqu'on a un casier judiciaire, il est particulièrement difficile de trouver un emploi. Les métiers de la fonction publique et de la finance sont fermés pour les anciens détenus, alors qu'il s'agit de deux premiers employeurs du pays, l'un pour le secteur public et l'autre pour le secteur privé. Par chance, la justice sait fermer les yeux et effacer un casier lorsqu'une personne est vraiment réhabilitée, comme c'était le cas de l'ancien Premier ministre Jean-Marc Ayrault, qui a effacé une condamnation datant de 1997 à six mois de prison avec sursis et 30 000 francs (4600 euros) d'amende, pour des faits de favoritisme.[43]

Finalement, nous avons envoyé une mise en demeure à Maître Nogueras et demandé qu'il nous restitue les honoraires versés, car il n'est jamais allé visiter K'mel en détention pour préparer son dossier et il n'est pas venu plaider à l'audience de l'aménagement de peine. Comme prévu, il n'a pas donné suite à notre courrier et nous nous sommes adressés au Bâtonnier de l'ordre des avocats de Paris pour solliciter son arbitrage et examiner les honoraires facturés. De surcroit, nous avons estimé que Maître Nogueras nous a mal conseillé en nous incitant de nous désister de la procédure en confusion de peine, entamée par l'avocat précédent. Nous avons dû relancer le TGI et le Ministère de justice nous-mêmes pour obtenir une audience, car l'avocat ne l'a pas fait. Il ne s'est pas présenté à

---

[43] AFP, *Jean-Marc Ayrault, condamné en 1997, a été "réhabilité"*, L'Express, 14 mai 2012, https://www.lexpress.fr/actualite/politique/jean-marc-ayrault-condamne-en-1997-a-ete-rehabilite_1114476.html

cette audience non plus ; il a préféré envoyer sa stagiaire qui venait de sortir de l'école, qui a demandé un renvoi suite à un refus d'extraction. Sur LinkedIn, j'ai consulté son profil : elle était avocate depuis moins d'un an et travaillait auparavant comme hôtesse d'accueil et hôtesse de l'air. Nos demandes de permission ont été gérées par les CPIP, lorsque l'avocat n'a même pas décroché à mes appels ; elles nous ont même décroché une audience en seulement deux mois, lorsque la secrétaire de l'avocat n'était capable de fournir ni la date précise du dépôt de dossier, ni la référence. Pire encore, si nous avons eu l'audience en aménagement de peine en mars 2019, bien avant celle en confusion de peines de mai 2019, c'est bien la preuve qu'il n'était pas nécessaire d'attendre et que nous n'avons pas été correctement conseillés. Et pour couronner le tout, il osait nous demander un complément d'honoraires – 500€ pour un simple déplacement – et un avocat commis d'office a dû être mandaté par l'administration pénitentiaire. Nous avons donc estimé qu'il a manqué à son obligation de moyens et demandé un remboursement intégral des honoraires.

Le jour avant l'audience, nous avons reçu le dossier de Maître Nogueras avec ses conclusions. Normalement, dans le droit français, la communication des pièces doit se faire « en temps utile », afin que la partie adverse puisse les étudier avant l'audience. C'était la toute première fois que j'ai pu voir les documents de notre dossier et j'ai été abasourdie en constatant à quel point notre dossier a été bâclé. Alors qu'il nous a confirmé par mail que la requête était envoyée mi-septembre, un an avant la mi-peine, il a menti car il l'a envoyée fin novembre, en nous faisant perdre deux mois. Il expliquait, dans sa demande de permission, que le père de K'mel devait être incinéré, alors qu'il s'agit d'une pratique interdite dans la culture musulmane. Il se permettait donc d'inventer les faits par manque de diligence. Dans sa requête en aménagement de peine, il a omis de communiquer au JAP plusieurs documents importants, comme le bulletin de notes obtenu lors des épreuves de baccalauréat ou l'attestation de suivi de l'association Wake Up Café. C'était un manquement très grave, car il est très important de montrer au juge que le détenu s'occupe et prépare son projet de réinsertion, au lieu de passer le temps à ne rien faire. Pour finir, il a envoyé sa stagiaire à l'audience, en nous montrant pour la dernière fois qu'il avait délégué notre cas à une subalterne, que nous avons payée au prix d'un ténor de barreau.

« Vous avez mal calculé la TVA, » le Bâtonnier a-t-il fait remarquer, en s'adressant à la stagiaire. « Elle est de 20% et non de 25%, vous avez ajouté cent euros... ».

« Oh, il s'agit d'une simple coquille... », la stagiaire a minimisé les choses.

Deux mois plus tard, le Bâtonnier a rendu le verdict : il a coupé la poire en deux et demandé à Maître Nogueras de nous restituer une partie d'honoraires, avec les intérêts de retard s'il ne s'exécute pas sous huit jours. Nous avons été très contents d'apprendre qu'il a fait appel, car ça nous permettra d'ajouter ses autres manquements constatés dans la gestion de notre dossier et demander un remboursement intégral.

Nous avons eu une autre nouvelle à la même période. Le 4 septembre 2019, nous avons reçu la réponse du Ministère de la justice concernant la demande de grâce présidentielle que K'mel avait envoyée le 3 septembre 2018. Un an plus tard, jour pour jour.

« Monsieur,

Vous avez appelé l'attention du Président de la République, qui a transmis votre correspondance à la garde des Sceaux, ministre de la justice, sur votre situation pénale. Ecroué en exécution de plusieurs peines d'emprisonnement à votre encontre, vous avez été admis au régime de la libération conditionnelle avec placement sous surveillance électronique probatoire depuis le 6 mars 2019.

Vous avez sollicité une mesure de grâce. Il a été procédé à un examen très attentif de votre demande. Je suis cependant au regret de vous faire connaître qu'il n'a pas paru possible de lui réserver une suite favorable.

S'agissant par ailleurs des requêtes en confusion de peines, je vous informe, à toutes fins utiles, que ces dernières relèvent de la compétence exclusive des juridictions. Je vous précise, en outre, qu'en application de l'article 1er de la loi du 25 juillet 2013 et en raison des principes constitutionnels de séparation des pouvoirs et d'indépendance de l'autorité judiciaire, il n'appartient pas à la garde des Sceaux, ministre de la justice, de donner quelque instruction que ce soit aux parquets dans le cadre de dossiers individuels, ni d'interférer dans les procédures judiciaires ou de commenter les décisions de justice.

Je vous prie d'agréer, Monsieur, l'expression de mes salutations distinguées. »

K'mel n'avait jamais mentionné sa requête en confusion des peines dans sa demande de grâce présidentielle. Evidemment, le Ministère de la justice pouvait être au courant de cette procédure, mais il m'a paru étrange d'en parler dans la réponse à une autre demande. Une nouvelle fois, nous avons eu le sentiment que les administrations nous répondaient à côté.

ဢ

Une société n'est jamais parfaite, mais peut se reformer et toujours s'améliorer. Le système pénal français est très complexe, la justice est longue, les avocats pas toujours loyaux, les droits de l'homme pas toujours garantis, mais le système fonctionne et la plupart des tragédies humaines peuvent être évitées. Le procès contradictoire garantit à tout prévenu de se défendre et permet à l'innocent d'avoir des recours.

Le juge est certes tout puissant, mais il a un large pouvoir d'appréciation qui permet d'individualiser les peines et éviter que le voleur d'un œuf écope de la même peine qu'un voleur de bœuf. En revanche, ce qui me paraît le plus inquiétant dans le fonctionnement de la justice française, ce sont les sanctions exemplaires où les juges prononcent des peines en fonction de la notoriété du prévenu, de la médiatisation de l'affaire, de l'exubérance de sa personnalité, du seul lien familial avec un terroriste... Or, la notion de sanction exemplaire me parait inconciliable avec l'égalité devant la loi. Les gens qui ont des relations dans le monde politique ou celui des affaires peuvent échapper à leur peine, en s'entourant des meilleurs avocats, pendant que les pauvres, parfois non représentés, écopent des peines plus lourdes et doivent les finir en détention ou lieu d'obtenir les peines aménagées.

Alexandre Benalla, chargé de mission dans le cabinet présidentiel à l'Elysée et mis en examen pour violences en réunion et usurpation d'une fonction publique, a passé seulement une semaine à la prison de Santé, avant d'être libéré par une décision de la cour d'appel de Paris. [44] Le maire LR de Levallois-Perret, Patrick Balkany, condamné à cinq ans de prison ferme pour blanchiment, a pu obtenir sa première libération seulement six semaines après avoir été écroué à la prison de la Santé. La justice ne lui a même pas imposé un bracelet électronique mais l'a placé sous contrôle judiciaire, avec l'obligation de pointer une fois par semaine au

---

[44] Nicolas Chapuis, *Alexandre Benalla et Vincent Crase obtiennent leur remise en liberté*, Le Monde, 26 février 2019.

commissariat le plus proche.[45] Le logeur des terroristes du Bataclan Jawad Bendaoud a été relaxé en première instance car il a diverti son auditoire pendant le procès, pendant que ses deux coaccusés ont pris des lourdes peines pour les mêmes faits car ils ont préféré jouer le profil bas.

Pendant ce temps-là, K'mel a pris une peine de deux ans pour avoir volé *trente euros*, six mois pour avoir menacé une comptable *qui a refusé de lui donner son attestation de chômage*, six mois pour avoir cassé le matériel dans une entreprise *qui ne voulait pas lui restituer ses mille cinq cent euros payés pour les services qu'elle ne lui a pas fournis*, et deux mois pour *le retard d'envoi d'un chèque de cinquante euros* pour payer l'essence.

Il y a quelques années, lorsque K'mel vivait dans le 10ème arrondissement parisien, l'un de ses voisins a été mis en examen dans une affaire de trois viols. Or, il s'avère que le jeune homme était innocent et il n'a cessé de le clamer haut et fort tout au long de son incarcération. Il a été innocenté et libéré après quatre mois de détention, mais sa réputation a été détruite. Les gens ont toujours la tendance de croire, ne serait-ce qu'en partie, que les gens doivent être coupables s'ils sont appréhendés par les autorités. Le jeune homme a-t-il reçu une indemnité pour avoir passé quatre mois en détention, alors qu'il était innocent ? L'indemnisation des victimes étant toujours calculée en fonction de leur perte financière et la durée du préjudice, notre homme n'a eu strictement rien. Chômeur, il aurait eu une indemnité insignifiante pour ces quatre mois de détention, une indemnité qui serait même inférieure aux honoraires d'avocat. Au lieu de ça, on lui a dit tout simplement, « vous avez été à la disposition de la justice et nous vous remercions ». Quant à sa réputation, comment dire, elle est difficile de la chiffrer.

---

[45] Jean-Baptiste Bourgeon (avec Guillaume Dussourt), *La première demande de remise en liberté de Patrick Balkany acceptée*, BFM avec RMC, 29. Octobre 2019.

Il s'agît bien d'une justice des classes, incapable de garantir l'équité au justiciable et toujours plus sévère avec les pauvres qu'avec les plus fortunés. Le rappeur parisien Hanibal le décrit bien dans l'un de ses textes, en mettant en cause la neutralité des juges :

« Et ils s'étonnent 'pourquoi tu sors un brolique ?'
Ils me font golri
Ces putains de juges ne sont pas à notre place
Pour lui, ce n'est pas normal que tu pètes un câble
Mais espèce d'enculé
T'as ton salaire
T'es de l'autre côté de la barrière
Comment tu peux juger ma misère ? » [46]

Evidemment, la France n'est pas le seul pays qui laisse subsister la justice des classes. Aux Etats-Unis, souvent évoqués comme le pays le plus libre au monde, un riche va toujours mieux s'en sortir face à la justice que son compatriote pauvre. En 1984, le chanteur de Mötley Crüe, Vince Neil, a causé la mort du batteur du groupe Hanoi Rocks, Nicholas 'Razzle' Dingley, alors qu'il conduisait une voiture complètement ivre. Il a payé 2,6 millions de dollars pour dédommager les proches de la victime et il n'a fait que quinze jours de détention, accompagnés de deux cent heures de travaux d'intérêt général. Au même temps, des Américains modestes qui ne peuvent pas payer un avocat plaident coupable même lorsqu'ils sont innocents, espérant réduire leur peine.

En ce qui concerne le système pénal, les prisons françaises ne sont pas inhumaines, bien qu'elles soient surpeuplées, car elles proposent des moyens de réinsertion à celui qui veut faire l'effort. Évidemment on pourrait imaginer de dépénaliser certains comportements afin de les désengorger, en transformant certains délits en contraventions et envisager des

---

[46] Hanibal, *West Coast*, album Flashback, 2019.

amendes ou travaux d'intérêt général à la place de l'incarcération.

En France, il y a environ six millions de fumeurs de cannabis dont le trafic fait vivre des villes entières, qui seraient autrement gangrenés par le chômage de masse. Les pouvoirs publics le savent et ferment les yeux car ils veulent acheter la paix sociale. D'autres proposent la légalisation de la vente de cannabis, comme ça a été fait en Hollande, pour faire entrer les recettes de ce trafic dans les caisses de l'état. Malgré le taux d'imposition confiscatoire, l'état manque d'argent, croule sous la dette publique et aimerait bien taxer le crime organisé pour continuer à tourner. Cependant, la légalisation du cannabis ne sera pas la réponse adaptée car il s'agit d'une drogue qui vous rend irritable et violent, qui peut provoquer des pathologies psychiatriques et qui a poussé bien des jeunes à commettre des actes délictuels. Sa légalisation serait moralement inacceptable, mais la vente ne devrait pas entraîner l'incarcération, lorsqu'une amende serait mieux adaptée.

Il en est de même avec l'incarcération des manifestants, des Veilleurs, des zadistes ou des gilets jaunes, ou encore ceux qui ont lancé une cannette sur les forces de l'ordre ou qui ont organisé le blocage d'un bâtiment public sur les réseaux sociaux. Les peines de prison ferme dans ces cas sont disproportionnées et ces personnes n'ont pas leur place auprès des violeurs ou des meurtriers.

La prison n'est utile que pour les crimes ; les délinquants devraient pouvoir faire des travaux d'intérêt général ou payer des amendes pour dédommager leurs victimes. Dans la plupart des cas, elle ne permet pas de réinsérer le délinquant dans la société, mais le rend encore plus endurci car elle le met en relation avec d'autres délinquants avec lesquels il peut constituer des réseaux. Elle l'exclut du monde du travail pour une longue durée, y compris après sa libération, car il ne peut plus accéder à de nombreux métiers. Les jeunes finissent par se braquer, se rebeller contre le système, jusqu'à ce qu'ils retournent en prison comme si c'était leur seule fatalité :

« Trompé par les juges qui de nos vies n'ont jamais rien compris
Trompé dans la prison et ses murs pour les années qu'elle vous a pris
Berné par la folie et sa présence, tout est écrit
De la naissance et son cri jusqu'au linceul et son silence...
La taule c'est la pression, nourrit l'instinct de révolution
Donc nique sa mère la réinsertion... » [47]

Lorsqu'une peine de prison ferme arrive quatre à cinq ans après les faits, comme c'était notre cas, elle perd tout son sens. Elle ne peut plus représenter une mesure éducative pour quelqu'un qui a déjà abandonné son passé délictuel, trouvé un emploi et fondé une famille. Il faudrait éventuellement raccourcir les délais de prescription de l'action publique pour les délits mineurs et systématiser les peines de substitution comme les travaux d'intérêt général ou les amendes, pour éviter la prison. L'incarcération doit rester une mesure exceptionnelle pour dissuader le crime et dédommager ses victimes.

Il existe déjà des initiatives pour une société sans prison ; si nous avons déjà aboli l'exil, les châtiments corporels et la peine de mort, ce serait la suite logique pour faire avancer notre société. En Hollande, le taux de criminalité a été divisé par deux ces dernières années, à tel point que le pays a fermé dix-neuf prisons depuis 2013. La maison d'arrêt *Het Arresthuis* à Ruremonde a été transformée en hôtel de luxe, pendant que d'autres ont été réadaptés pour accueillir des demandeurs d'asile. La prison de Tillburg a même été louée à la Belgique, où la population carcérale est plus importante.[48]

---

[47] Lunatic (Booba et Ali), *La lettre*, album Mauvais œil, 2000.
[48] Jacques Deveaux, *La Belgique loue une prison aux Pays-Bas*, France info, 10 septembre 2012, https://www.francetvinfo.fr/monde/pays-bas/la-belgique-loue-

La Hollande a opté pour les amendes et les travaux d'intérêt général pour pénaliser la petite délinquance, chose qu'on peut faire chez nous pour réduire notre population carcérale et éradiquer la récidive. Car les délinquants ont tous la vocation de réintégrer la société et si les mesures punitives sont remplacées par les mesures éducatives, ils n'auront pas la rancune et la haine contre la société et ils pourront être réinsérés.

Au 1er décembre 2018, il y avait en France 82.634 personnes placées sous écrou, dont 71.061 incarcérées, pour seulement 60.000 places. Pendant l'année 2018, 131 personnes se sont suicidées dans les prisons françaises, quatorze de plus que l'année précédente. Il devient urgent de réformer le système et suivre l'exemple de nos voisins qui ont réussi à baisser le taux de criminalité et empêcher la récidive en assouplissant les peines et en réformant leur système carcéral.

La liberté est le bien le plus précieux qui a été donné à l'homme et il faut la préserver à tout prix. En supprimant la peine de prison pour les délits mineurs et en donnant plus de liberté aux détenus, nous les rendront moins hargneux et plus responsables lorsqu'ils ressortiront parmi nous une fois leur peine purgée.

une-prison-aux-pays-bas_3073879.html

www.ingramcontent.com/pod-product-compliance
Lightning Source LLC
Chambersburg PA
CBHW061754250726
48657CB00001B/114